달라도
괜찮아
우린
함께니까

달라도 괜찮아 우리 함께니까

김선욱 지음

㈜자음과모음

책머리에

서로 '다름'을 인정하는 '생각'하는 삶

　어른들은 정치가만 잘하면 우리나라는 다 잘될 것이라며 흔히 불만 섞인 말을 합니다. 그러나 지난 과거를 돌이켜 보면 우리나라의 정치는 일제 강점기에서 해방된 뒤 지금까지, 수많은 어려움을 겪으면서도 좋은 방향으로 발전해 왔습니다. 또한 결정적인 순간에 온 국민이 정치에 직접 참여하면서 역사의 물줄기를 바로잡아 왔습니다. 그래서 우리나라의 정치 역사를 되돌아보면 부끄럽다기보다 자랑스럽다고 느끼게 됩니다.
　한나 아렌트에 대해 관심은 미국에 유학 가서 생겼습니다. 유학을 가기 전에는 나 잘난 맛에 취해 살기도 했었는데, 그곳에서는 보잘것없는 나라에서 온 한 사람일 뿐이었습니다. 시간이 갈수록 왜소해지는 자신을 바라보면서 나 같은 사람들에게 더욱 관심을 갖게 되었고, 소외되거나 수적으로 소수인 사람들의 입장을 고려한 정치란 어떤 것일까 생각하게 되었습니다. 한나 아렌트는 이런 생각을 가진 나에게 제격으로 다가온 학자였습니다.

한나 아렌트는 1906년 독일에서 태어나 1975년 미국에서 심장 마비로 사망했습니다. 여성이자 유대인이었던 그녀는 제1차 세계대전과 제2차 세계대전을 경험하면서 국가 없는 민족의 일원이 겪는 고통이 무엇인지 절실히 느끼고 정치의 중요성을 체험합니다. 그리고 이러한 체험을 바탕으로 정치사상가의 길을 걷게 됩니다.

한나 아렌트는 원래 정치에는 관심이 없었습니다. 처음에는 실존주의와 종교 문제에 깊은 관심을 가졌었지요. 그러나 나치의 등장으로 본의 아니게 독일을 떠나 미국으로 건너가 난민 신분이 되어 도대체 전체주의가 무엇이며, 왜 전체주의가 발생했는지 관심 있게 연구합니다. 그 결과 1951년에는 『전체주의의 기원』이라는 책을 출간하고, 세계적인 명성을 얻게 됩니다. 이 책의 1부와 3부에 나오는 유대인과 전체주의에 관한 이야기는 바로 『전체주의의 기원』

을 바탕으로 쓴 것입니다.

1950년대에 한나 아렌트는 마르크스주의를 비판하는 글을 쓰지만 책으로 출판하지는 않습니다. 당시 미국 사회는 매카시즘이라고 하는 경향, 즉 공산주의나 마르크스주의를 무조건 배척하는 분위기가 지배적이었는데, 자칫 자신의 연구가 동료 학자들에게 해를 끼칠까 봐 두려웠던 것이지요. 그러고는 1958년에 그 유명한 『인간의 조건』을 씁니다. 정치가 왜 중요한지, 인간에게 정치가 왜 필수 불가결한 요소인지, 현대 사회의 문제가 무엇인지 잘 분석한 책입니다. 오늘날에도 널리 읽히는 명저이지요. 이 책 2부에 나오는 '인간은 정치적 동물'에 관한 설명은 바로 이 『인간의 조건』에서 나오는 내용입니다.

3부에서는 담임 선생님이 학생들에게 현자 나탄 이야기를 해 주는 부분이 있습니다. 이것은 독일의 극작가 레싱이 쓴 희곡의 내용이지요. 1959년 독일의 함부르크시는 전범으로서 사죄하는 마음으로 레싱 상을 만들었는데 첫 수상자가 바로 한나 아렌트였습니다. 그녀는 수상 소감을 말하는 연설에서, 레싱이 '인간됨의 중요성' '인간적이라는 것의 의미'를 강조했다고 역설하며, 그가 만든 희곡 속의 현자 나탄

이야기를 인용합니다. 그리고 이 연설문은 그녀가 쓴 책 『어두운 시대의 사람들』에 실립니다. 바로 그 내용을 이 책의 3부에 인용했습니다.

1960년 한나 아렌트는 이스라엘에서 열린 아이히만의 재판에 깊은 관심을 갖습니다. 그녀는 그곳으로 건너가 재판을 보고 글을 남기는데 그것이 그 유명한 『예루살렘의 아이히만』입니다. 이 책은 많은 논쟁을 낳았습니다. 그녀가 이 책에서 주장한 '악의 평범성'이라는 개념은 현대를 살아가는 사람들에게 너무나도 충격적인 교훈을 안겨 주었습니다. 평범하게 살아가면서 자신도 인식하지 못하는 상태에서 커다란 악을 저지를 수 있다는 경고를 담고 있기 때문입니다. 아이히만의 재판은 아렌트의 사상에 큰 영향을 주어 뒤이은 저작 『정신의 삶』 『칸트 정치철학 강의』 등을 남기게 합니다.

이 책을 읽는 분들은 이제 정치를 달리 생각해 보았으면 합니다. 정치가들만 정치를 하는 것이 아닙니다. 정치는 우리 일상의 삶 속에 있습니다. 학교생활, 친구 관계, 그리고 자기 자신의 내면생활에 두루 연결되어 있습니다. 그러니 정치를 한다고 해서 반드시 정치가가 될 필요는 없습니다.

정치는 우리의 삶을 아름답게 해 줄 수도 있고 비참하게 만들 수도 있습니다. 한나 아렌트는 비참한 시대를 살아가면서 무엇이 그러한 비참함을 만들어 냈는가를 고민했고, 그 결과 새로운 정치 개념을 우리에게 알려 주었습니다. 그 개념은 우리의 삶을 풍요롭게 해 줄 정치 개념이었습니다.

이 책에서 담임 선생님이 승진이를 반장으로 지목한 일이 민주주의 원칙에 어긋나 보이지만 꼭 그렇지만은 않습니다. 사회적 약자들은, 일반적인 다수결을 통해서는 자신들의 권리를 행사하기 어렵기 때문에, 이들을 위해서는 특별한 조치가 필요합니다. 이것은 소위 '소수자 우대 정책'이라는 이름으로 주장되는데, 이러한 입장은 한나 아렌트의 정치 개념과 연결됩니다.

우리는 서로를 이해하고 차이를 인정하며 대화와 토론에 참여하여 사회를 바꾸어 보려고 함께 노력해야 합니다. 그 과정에서 이 모든 노력이 '생각'에서 비롯한다는 사실을 유념하기 바랍니다. 아이히만에게 결여되었던 '사유', 바로 그 '생각'에서 시작된다는 것을 말입니다.

이 책은 2006년에 처음 나와 많은 사람들의 사랑을 받았습니다. 그러나 이번 개정판을 준비하면서 몇몇 부분을 수

정했고, 또 함께 생각할 문제들을 추가했습니다. '네 생각은 어때?'와 '철학자의 생각'에서 던져진 질문들에 대해서는 혼자만 생각하지 말고 친구들과 함께 의견을 나누고 토론해 볼 수 있었으면 합니다. '즐거운 독서 퀴즈' 문제들은 재미로 풀어 보길 바랍니다. 질문을 읽고 답을 하는 과정에 혹시 의문이 드는 것이 있다면 그냥 넘어가지 말고, "왜 그렇지?"라는 질문을 던져보고 스스로 답을 찾아보기 바랍니다.

 이 책이 나오기까지 많은 사람의 수고가 있었습니다. 그리고 늘 함께해 준 가족의 지원도 기억합니다. 모두 고맙습니다.

김선욱

차례

책머리에 서로 '다름'을 인정하는 '생각'하는 삶 … 4
프롤로그 천사 같은 선생님이 왜 그러셨을까? … 19

1 마음에 들지 않는 반장, 무조건 싫어!

우리 반 왕따 승진이 … 25
유대인의 슬픈 역사 … 29
아빠가 들려준 유대인 정치 이야기 … 41
  철학자의 생각 … 56
  즐거운 독서 퀴즈 … 59

2 스승의 날의 특별한 수업

과연 누가 오실까? … 65
인간은 정치적 동물 … 71
역시 반장감은 나야! … 86
자랑스러운 우리 아빠 … 91
정치 활동이 필요해! … 100
   철학자의 생각 … 107
   즐거운 독서 퀴즈 … 110

3 한 사람은 전체를 위하여!

한 사람의 희생쯤은 당연해 … 115
현자 나탄 … 127
안 되겠어, 혼내 주자! … 136
   철학자의 생각 … 139
   즐거운 독서 퀴즈 … 142

4 결전의 날

거기로 와! … 147
한나 아렌트와 아이히만 … 150
악이 평범한 곳에서 나온다고? … 163
결전의 날! 아, 괴롭다 … 177
    철학자의 생각 … 183
    즐거운 독서 퀴즈 … 186

5 두부와 패랭이꽃

다시 결전의 날! … 193
제발 나오지 마! … 198
노을이 아름다운 이유 … 203
세상에서 가장 맛있는 두부 … 210
그 뒤, 여전히 승진이는 왕따냐고? … 221
   철학자의 생각 … 223
   즐거운 독서 퀴즈 … 225

네 생각은 어때? 문제 풀이 … 227

등장인물

김호곤

공부, 발표, 운동 등 뭐든 잘하고 인기도 많다. 아이들이 뽑는 반장은 자신이 될 거라고 자부했지만, 3, 4월엔 2등으로 밀렸다. 단 한 표 차이로. 5월엔 꼭 반장이 될 거라고 철석같이 믿었는데, 이번엔 우리 반 왕따 김승진에게 밀리고 말았다. 어째서 내가 아니고 공부도 못하고 말도 어눌하고 느려 터진 김승진이! 부글부글 끓는 가슴을 안고 집에 들어서는데, 엄마가 텔레비전을 보며 울고 계신다. 얼떨결에 엄마 옆에 앉아서 같이 보게 되는데, 엄마는 왜 울고 계셨던 걸까?

김승진

우리 반 왕따이자 새로운 반장. 후줄근한 옷차림에 말투가 어눌하고 냄새도 나서 아이들이 싫어한다. 점심시간에 급식판을 제일 먼저 깨끗이 비우는 데만 일등이다. 그러던 어느 날, 선생님이 지목하여 반장이 된다. 그때부터 아이들에게 더욱 왕따를 당한다. 스승의 날, 특별 수업을 하러 오신 호곤이 아버지가 악수를 청하며 반장으로 인정해 주신다. 그 후 학급 회의를 진행하고 자신의 의견도 말하기 시작하는데, 과연 승진이는 반장 역할을 잘 해낼 수 있을까?

정치철학 교수로 정치사상가 한나 아렌트에 대한 논문을 쓰기도 했다. 퇴근 후 아들과 이런저런 이야기를 나누는 게 인생의 즐거움이다. 스승의 날, 특별 수업을 하러 간 호곤이네 반에서 승진이에게 악수를 청하며 반장으로 인정해 준다. 수업 시간에는 아이들에게 어려운 철학 이야기를 쉽고 재미있게 설명해 주어서 큰 박수를 받는다. 그날 호곤이 아버지는 어떤 이야기를 들려주었을까?

김호곤 아버지

늘범, 용수, 성훈, 태섭

왕따 주제에 반장이 된 승진이가 아니꼽다. 선생님이 갑자기 독재자가 되어 승진이를 반장으로 지목하신 게 도통 이해되지 않는다. 재수 없는 왕따 자식 승진이를 절대 반장으로 인정할 수 없다. 특별 수업 시간에 호곤이 아버지와 악수를 하고 나더니 기가 살아서 더욱 눈꼴사납다. 어떻게 하면 승진이의 기를 팍 죽여서 반장 행세를 못하게 할 수 있을까.

전체주의를 탐구한 철학자
한나 아렌트

독일 태생의 유대인 여성 철학사상가. 제2차 세계대전 시기에 반나치 운동에 참여하고 유대인 수용소에 잡혀 가기도 했지만 가까스로 미국으로 망명한다. 국가 없이 떠도는 유대인으로 살아가며 정치의 중요성을 깨닫고 나치 독일에서 나타난 전체주의를 연구하여 『전체주의의 기원』이라는 책을 출간한다. 또한 유대인 학살을 주도했던 나치 전범 아이히만의 재판을 눈으로 직접 목격하면서 '악의 평범성'이라는 유명한 말을 남긴다. '악행'이란 악마 같은 괴이한 존재가 아닌, 평범한 인간도 행할 수 있다는 것이다. 평범한 인간이 아무런 '생각 없이' 명령대로 행동했을 때 6백만 유대인 학살과 같은 악이 발생할 수 있다며, 악행을 멈추는 방법은 인간과 의미를 고민하는 '생각'이라고 말했다.

 **프롤로그**

천사 같은 선생님이 왜 그러셨을까?

박선해.

우리 담임 선생님의 성함이다. 치와와처럼 맑고 큰 눈을 가졌지만, 웃을 때는 반달눈이 되어 아주 귀엽다. 뿐만 아니라, 웃을 때 양볼에 깊이 파이는 보조개는 건포도를 콕 박아 놓은 스펀지케이크 같다. 목소리도 얼마나 고운지 똑똑 이슬이 떨어지는 것 같다니까!

공부도 쉽게 가르쳐 주시고 무엇보다 우리의 마음을 잘 이해해 주시는 박선해 선생님은 이름처럼 정말 착한 분이다.

그런 우리 담임 선생님이 갑자기 독재자로 변하셨다.

우리 반은 다른 반과 달리 매달 1일이면 반장 선거를 한다. 더 많은 학생이 반장이 되어 통솔력을 키우고, 다양한 경험을 하며, 무엇보다 반장과 그 외의 학생 간에 차이를 두지 않고 평등한 학급을 만들자는 의미에서였다.

그래서 우리는 매달 1일이 되면 몹시 설렌다.

'이번엔 누가 반장이 될까? 혹시 내가?'

생각만 해도 설레고 신나는 일이다. 공공연한 인기투표처럼 되어 버린 반장 선거에서 한 표라도 얻게 되면 그 우쭐한 기분이라니!

그런데 이번 달에는 반장 선거가 이루어지지 않았다. 반장을 뽑지 않았다는 것이 아니다. 갑자기 독재자로 변하신 담임 선생님이 마음대로 반장을 뽑아 버리셨다.

"이번 달은 스승의 날이 있는 달이기도 하니까 선생님이 반장을 지목하면 어떨까요?"

모두들 선생님 말씀을 듣고 '이번엔 선생님이 가장 좋아하는 아이가 반장이 될 거야.'라는 생각에 가슴이 쿵쾅거렸다. 친구들이 뽑아 주는 반장도 인기 있는 아이라는 의미에서 자랑스럽겠지만 예쁘고 착한 선생님의 지목을 받는다면 그것 또한 정말 자랑스러운 일일 테니까.

그런데! 선생님의 그 고운 입에서 호명된 아이는?

바로 김승진.

'김승진이 반장이라니, 이건 말도 안 돼!'

장담하건대, 김승진은 우리 반 모두가 싫어하는 아이고 가장 인기 없는 아이다.

후줄근한 옷차림에 말투는 느릿느릿 어눌하고, 누가 불러도 대답도 하지 않고 어깨를 축 늘어뜨린 채 빠끔한 눈만 치켜뜨고는 "왜……애…….." 소리만 길게 늘여 빼는 아이. 체육 시간에 체육복도 제일 늦게 갈아입고 합창할 때마다 음을 맞추지 못해 지적받는 아이. 승진이가 가장 빨리 할 수 있는 건, 점심시간에 싹싹 먹어 치운 빈 급식판을 제일 먼저 갖다 놓는 일뿐이다. 한마디로 승진이는 우리 반 왕따다.

그런 승진이가 반장이라니! 왕따가 반장이라니!

우리는 현실에 대한 올바른 이해의 결여와
생각 없음이 악의 충동들과 결합해
많은 재난과 불행을 일으킬 수 있다는 사실을
기억해야 한다.

-한나 아렌트

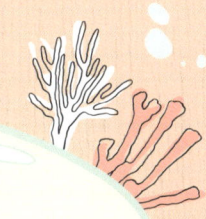

1

마음에 들지 않는 반장, 무조건 싫어!

선생님께서 지목하신 반장, 김승진! 우리 반 왕따다.
맘에 들지 않는 승진이가 반장이 돼서 나는 기분이 몹시 나쁘다.
어떤 이유로 승진이가 반장이 됐건, 난 무조건 싫어!

우리 반 왕따 승진이

"에잇!"

텅. 딸그락딸그락, 텅, 텅, 텅…….

슬범이는 아무렇게나 차이는 대로 깡통을 발로 뻥 걷어 찼다. 깡통이 데구루루 굴러 저만치에서 멈췄다. 이번엔 내가 멈춘 깡통 쪽으로 달려가 다시 한번 힘껏 찼다. 깡통이 차도 쪽으로 굴러가 달려오던 자동차가 급제동을 걸었다.

끼이익!

브레이크 소리를 내던 자동차가 멈춰 서자 차창이 열리고 아저씨가 고래고래 고함을 쳤다. 아저씨의 호통을 뒤로한 채, 우리들은 누가 먼저랄 것도 없이 '거기'를 향해 달리기 시작했다. 거기란 공원에 있는 우리의 아지트이다.

예전엔, 그러니까 우리 할머니가 십 대였던 시절엔 공원의 기찻길로 기차가 다녔다고 한다. 기차가 다니지 않고 철로만 남게 되자 시에서 철로 주변을 공원으로 만들었다. 기찻길을 중심으로 한쪽은 잔디와 꽃들이, 다른 한쪽은 막 자란 잡목 숲이 우거져 있어 마치 개발을 하다 만 곳처럼 보인다.

우리의 아지트는 공원 안에서도 두 그루의 아카시아가 서로 붙어 하나의 나무처럼 보이는 곳이다.

그 아카시아를 처음 보았을 때 슬범이가 "우아! 별난 아카시아다!" 하고 외친 다음부터 '왜?'라는 의문 없이 그냥 별난 아카시아라고 불렀다.

그곳은 아지트라고 하기엔 나무가 너무 희한하게 생겨서 모든 아이들이 너무나 잘 알고 있을뿐더러 나무를 구경하기 위해 사람들이 몰려오는 일도 허다했다. 아지트이기는 하나 공개된, 우리들만의 공간이 아닌 모두의 공간이었다. 여하튼 우리는 꼭 어디라고 말하지 않아도 "거기!" 하면 그곳인 줄 알고, 무조건 뛰기 시작해서 그곳에 도착하곤 했다.

기찻길 공원은 빨간 철쭉으로 붉게 물들어 있었다.

우리는 철쭉꽃 길을 헤치고 기찻길을 건너 별난 아카시아 아래 멈춰 섰다. 숨이 턱까지 차올라 서로의 얼굴을 한 번씩 번갈아 보며 쌕쌕 가쁜 숨을 내쉬었다.

"어쨌든, 헉헉. 맘에 안 들어! 헉헉!"

겨우 숨을 고르며 용수가 말했다.

"재수 없는 왕따 자식!"

슬범이가 입에 고인 침을 뱉었다.

"우리 선생님이 왜 갑자기 독재자가 되셨을까? 만날 평등이니 존중이니 그러시면서……."

나는 숨을 몰아쉬었는데 한숨처럼 나왔다.

"선생님께서는 승진이가 어떤 애인지 잘 모르시나 봐. 반장이 아무나 되는 거냐? 통솔력도 있고, 인기도 있고, 공부도 좀 잘하고, 그리고 이건 꼭 필요한 건 아니지만, 헤헤! 적어도 나만큼 생겼다면 또 몰라."

성훈이가 말을 계속 이으려고 하자 태섭이가 말을 딱 잘라 버렸다.

"넌 이 상황에서 농담이 나오냐? 왕따가 반장이 된 이 마당에?"

아이들은 승진이가 맘에 들지 않는 이유를 들면서 가끔

욕을 섞어 흉을 보느라 왁자지껄했다.
 "이건 말이야, 아주 심각한 상황이야. 뭔가 대책이 필요해."
 슬범이가 심각한 표정을 지으며 입맛을 쩍쩍 다셨다.
 "야, 김호곤! 넌 왜 그렇게 말이 없냐? 뭐라고 말 좀 해 봐."
 태섭이가 다그치듯 물었다.
 나는 대꾸도 하지 않고 집을 향해 뛰었다.

유대인의 슬픈 역사

 3월, 4월…… 내가 될 줄 알았다. 여자 아이들에게 선물을 가장 많이 받는 사람도 나, 공부든 발표든 뭐든 잘하는 사람도 나, 운동을 잘해서 남자 아이들로부터 부러움을 사는 사람도 나, 그런 사람이 바로 나 김호곤이다. 그런데 나는 언제나 2등으로 밀렸다. 그것도 꼭 한 표 차이로 말이다. 그건 내가 한 표만큼 인기가 없어서가 아니라 내가 나를 찍지 않았기 때문이다.

 나는 내 이름을 쓰지 않았다. 내 힘을 보태지 않고 온전히 아이들의 선택으로 반장이 되고 싶어서였다.

 이번엔 정말 내가 반장이 될 줄 알았다. 반 아이들 모두가 선거 전부터 그렇게 말했다. 나도 그 말을 의심하지 않았다. 이번엔 나도 날 밀어 주겠어! 마음속으로 나를 격려했으니까. 그런데 갑자기 선생님이 승진이를 지목하신 것이다. 그것도 승진이 같은 아이를…….

나는 괜스레 눈물이 나오려고 했다. 반장이 되지 못한 억울함 때문이 아니다. 어차피 아이들의 선택이 아니라 선생님의 지목으로 뽑았으니까. 선생님이 날 선택해 주지 않으셔서 서운하긴 하지만 그래도 참을 수 있다. 그런데 이번 반장이 하필이면 김승진이라니!

공부도 못하고 말도 어눌하고 냄새도 나고 느려 터진 김승진이 반장이 되다니…….

나는 승진이의 비교 대상이 된 것 같아서 너무 억울하고 불쾌했다.

'재수 없는 왕따 자식!'

나도 모르게 현관문을 쾅 닫아 버렸다. 하지만 금세 숨을 죽였다. 엄마가 들으셨다면 또 잔소리를 하실 게 분명했다.

사람이 드나드는 문은 항상 조심스럽게 다루어야 한다고 강조하시는 엄마. 사물인 문을 여닫는 게 아니라 마음의 문을 열고 닫듯이 조심스러워야 한다고 쫓아다니며 잔소리를 하시는 분이다.

　나는 또 잔소리를 듣겠군 싶은 마음에 잔뜩 주눅이 든 채로 신발을 벗고 마루로 들어섰다. 그런데 어쩐 일인지 엄마는 텔레비전을 보면서 뒤돌아보지도 않고 훌쩍이고 계셨다.

　워낙 감수성이 예민한 분이라 텔레비전 연속극을 볼 때도 각 휴지를 옆에 낀 채, 연속극도 보고 휴지도 뽑고 하느라 바쁜 분이다.

　나는 잔소리를 피할 기회는 이때다 싶어 살금살금 내 방으로 들어가려고 했다.

　"호곤아, 훌쩍. 무……문은…… 마음의…… 훌쩍, 마음의 문은 살살……. 근데 그게 중요한 게 아니라 세상에, 세상에 어쩜 저럴 수 있니?"

　엄마는 나를 잡아당겨 텔레비전 앞에 앉히셨다.

　"저기 군인들이 총을 들고 지켜 서 있고 그 안에 사람들이 빽빽하게 들어차서 공포에 질린 눈을 하고 있지?"

　엄마는 텔레비전 화면을 가리키셨다.

　"저렇게 게토라는 곳에 유대인을 몰아넣고 말살시키려고 하는 거야."

　"왜요?"

나는 뜬금없는 엄마의 설명에 짜증스럽게 물었다.

"그러니까…… 그게 말이지. 제2차 세계대전 때 유대인들이 독일의 나치에게 무차별 학살을 당했어."

엄마는 아까처럼 울먹이거나 흥분하지 않고 설명하기 시작하셨지만, 나는 도대체 앞뒤가 안 맞는 엄마의 말씀이 이해되지 않았다.

"그러니까 왜 독일군이 유대인을 학살했냐고요. 무슨 이유인지 알아야 이해를 하지."

나는 답답해서 가슴을 쿵쿵 쳤다. 안 그래도 승진이가 반장이 된 이유가 이해되지 않아 답답하고 짜증나는데 말이다.

"아, 내가 그랬나? 그러니까……."

은근히 짜증을 내고 있는 나를 붙잡고 엄마는 계속 말씀을 이어 나가셨다.

"그러니까 아주 오래전으로 거슬러 올라가서, 유대인들은 로마에게 나라를 빼앗겼어. 마치 조선이 일본에게 나라를 빼앗겼던 것처럼 말이야."

"어, 그럼 우리 민족과 비슷하네요? 그런데 우리는 독립운동을 해서 나라를 되찾았는데 유대인들은 어떻게 됐어요? 로마로부터 독립해서 나라를 되찾았나요?"

나는 유대인들이 우리 민족과 비슷한 역사를 겪었다는 점에서 동정심이 생겼다.

"응, 찾긴 찾았는데 무려 2천 년 동안이나 나라 없이 떠돌아다니다가 1948년이 되어서야 나라를 새로 세웠단다."

"세상에! 2천 년 동안 나라 없이 떠돌아다녔다고요? 그래서 다른 민족들로부터 업신여김을 당했던 거군요. 불쌍하다!"

지난번에 나는 집을 잃고 떠돌아다니는 강아지를 발로 찬 적이 있다. 친구들도 나뭇가지로 쿡쿡 찌르거나 먹을 수도 없는 지우개를 먹으라고 던져 주기도 했다. 아주머니들이 안고 다니는 강아지는 예쁘다고 쓰다듬으면서 집 잃은 강아지를 구박했던 건, 단지 주인이 없었기 때문이다.

하물며 사람이 집 없이 떠돈다는 건 쉽지 않을 것이다. 다른 사람들에게 무시를 당할 테니까. 그런데 나라마저 없는 유대인들은 다른 민족으로부터 얼마나 많은 멸시와 핍박을 받았을까? 나는 유대인들이 불쌍했다. 게다가 나라가 없다는 이유로 그런 엄청난 학살을 당했다고 하니 잘 이해되지 않았다.

"그런데 엄마, 정말 이상해요. 같은 사람끼리 어떻게 유대인이라고 해서 그렇게 무시무시하게 학살을 할 수가 있죠?"

"물론 그런 이유 때문만은 아니야. 사실은 더 큰 이유가 있지. 호곤아, 지난 겨울 방학 때 엄마랑 『베니스의 상인』을 읽었지?"

"그럼요, 생각나요. 안토니오가 유대인 샤일록에게 돈을 꾸었다가 갚지 못해서 살을 도려내게 되었잖아요. 아! 그러고 보니 악독한 고리대금업자 샤일록이 유대인이었네요?"

나는 그 책을 읽을 때만 해도 유대인이 구체적으로 어떤 사람들을 가리키는지 생각하지 못했었다.

"그래, 잘 기억하는구나. 『베니스의 상인』에 나오는 샤일록처럼 유대인 중에는 돈을 빌려주고 높은 이자를 가로채는 고리대금업자로 살았던 사람이 적지 않았단다."

"아니, 다른 직업도 많았을 텐데 왜 하필이면 사람들에게 미움을 받는 그런 직업을 가졌대요? 차라리 농사를 짓든가 장사를 하지."

나는 유대인들에게 동정심을 가졌었는데 쉽게 돈을 벌려는 사람들처럼 느껴져 조금은 화가 났다.

"그게 쉽지가 않았어. 로마에서 기독교를 공인하고 난 후에 유럽은 기독교 세계가 되었거든. 그런데 유대인들은 유대교라는 예수님을 인정하지 않는 종교를 가졌잖아. 그래서 유대인들은 유럽에서 좋은 대우를 받지 못했어. 기독교인들과는 부딪히지 않게 아까 말했던 게토라고 하는 곳에서 살게 했지. 다른 민족과 결혼하는 것도 금지되었고, 농사를 짓는 것도 안 되었어. 당연히 장사를 한다거나 공장을 세우는 것도 힘들었지."

"헉, 그럼 뭘 해서 먹고살았어요?"

나는 절로 한숨이 났다.

"그래서 생각해 낸 것이 대부업이야. 기독교인들은 돈을 빌려주고 이자를 받는 것이 나쁘다고 믿었기 때문에 아무도 할 엄두를 내지 않았거든. 그래서 유대인들 중에는 대부업을 통해서 재산을 모은 사람들이 있었지."

엄마는 슬쩍슬쩍 텔레비전을 보면서 설명을 계속하셨다.

"그래서 유대인들이 사람들로부터 그렇게 미움을 받았군요."

나는 이해가 간다는 표정으로 고개를 끄덕였다.

"사람들은 대부분 그렇게 생각하고 있단다. 너희 아빠는 다르게 생각하시지만 말이야. 예전에 아빠와 함께 영화관에 가서 〈쉰들러 리스트〉라는 영화를 본 적이 있었는데, 그

때 아빠는 다르게 말씀하시더구나."

〈쉰들러 리스트〉는 내가 태어나기도 전에 만들어진 영화였지만, 익히 들어서 알고 있었다.

"아빠는 어떻게 말씀하셨는데요?"

"글쎄. 그게 정치와 관련된 얘기였던 것 같은데, 기억이 잘 안 나네. 흠, 그건 저녁 때 아빠께서 들어오시면 직접 물어보렴. 히틀러가 유대인을 학살하기 전에도 여러 나라에서 유대인을 학살한 예가 있어. 이런 유대인들에 대한 혐오는 오랫동안 유럽 사회에 뿌리박혀 있었단다."

"나쁜 놈들! 어쩜 그런 나쁜 일을 저지를 수 있죠? 아무리 그래도 사람한테!"

나는 흥분해도 무의식적으로 주먹을 바닥에 쾅 내리쳤다.

"그래. 그런데 유대인들이 다르게 행동했다면 그런 비극은 없었을지도 몰라."

엄마는 한숨을 내쉬셨다.

"어떻게 다르게요?"

엄마는 다시 영화에 빠져 내 질문을 잘 알아듣지 못했는지 대답이 없으셨다. 나는 답답해서 엄마의 팔을 흔들었다.

"어떻게 다르게 행동하냐고요?"

엄마는 텔레비전 화면에서 눈을 떼지 못하고 대답하셨다.

"호곤아, 그건 아빠께서 잘 아시는 내용이니까 저녁 때 아빠께 여쭈어 보자. 알았지?"

그러고는 엄마는 다시 영화에 빠져드셨다. 텔레비전 화면 속에서는 무수한 총성이 울리고 건물이 폭파되어 도시 전체가 폐허가 되어 가고 있었다.

나 역시 잠시 엄마의 이야기에 빠져 있기는 했지만 그렇다고 계속 설명을 들을 기분은 아니었다. 엄마의 설명이 끝나자 오늘 학교에서 있었던 일이 떠올랐기 때문이다. 슬그머니 일어서려는데 엄마가 속삭이듯 말씀하셨다.

"주인공인 스필만은 유명한 유대인 피아니스트인데 그 역시 독일군에게 쫓겨 숨어 다니고 있어. 죽을 고비를 여러 번 겪었지만 자신의 예술혼에 의지해 지금 버티고 있는 거야. 음악을 할 때 알고 지내던 사람들이 그나마 이 유명하고 재능 있는 피아니스트를 돕고 있는 거지. 근데 위태로워. 스필만은 지금 숨어서 감시하고 있는 상황이야. 숨어 있는 건물 방 창문에서 맞은편 건물을 말이야."

엄마는 일어서려는 나를 끌어당겨 옆에 앉히셨다.

한적한 밤. 유대인들은 이곳저곳으로 숨어들어 생명을 겨우 유지하고 있었다. 그때 갑자기 사이렌이 울리면서 차 두 대가 한 주택가에 멈춰 서고 총을 든 사람들이 일사불란하게 내리기 시작했다. 건물에 남았던 작은 불빛조차 서둘러 꺼지고 주택가는 어둠 속에서 숨을 죽이고 있었다. 나도 모르게 숨을 꾹 참고 지켜보는데 엄마가 침묵을 깨셨다. 엄마는 혹 누가 듣기라도 하는 양 나에게 바짝 다가와 속삭이셨다.

"저들이 바로 게슈타포라는 사람들이야. 말하자면 비밀경찰들이지. 사람들을 서로 감시하고 고발하게 만드는 거야. 사람들의 일상생활까지 통제하고 이웃 간에 불신이 쌓이게 하는 거지. 국가에 반하는 행동을 한다면 아버지가 아들을, 사랑하는 사람이 자기 애인을 밀고하기도 하는 거야. 저기 봐, 아마도 이웃에서 누군가 유대인이 저곳에 살고 있다고 밀고했나 봐."

어느 건물 안으로 들어선 게슈타포는 4층에서 멈춰 섰다. 온통 어둠뿐이지만 4층 창가만 환하게 밝았다. 게슈타포가 집 안에 들어서자 식탁에 모여 앉은 사람들이 벌떡 일어섰다. 휠체어를 탄 노인만 그대로였는데 게슈타포는 노인을 향해 "일어섯!" 하고 소리를 질렀다. 노인은 힘겹게 일어나 보려 했지만 자꾸만 주저앉았다.

한 게슈타포가 노인의 휠체어를 끌고 가 창문 앞에 멈춰 섰다. 그리고 창문을 열고는 휠체어를 창밖으로 힘껏 밀었다.

노인과 휠체어가 함께 바닥에 쿵!

남은 가족들은 비명을 지르며 도망쳤지만 주택가를 벗어나기도 전에 모두 총에 맞아 쓰러졌다.

"으악!"

엄마의 비명이 영화 속 시체 위로 쏟아졌다.

기분이 나빴다. 시시비비를 떠나 비참하게 죽는 사람들의 모습을 보니 끔찍했고, 아들의 기분이 어떤지도 모르고 영화에 푹 빠져 있는 엄마가 서운했고, 아무리 생각해도 승진이가 반장이 된 것이 화가 났다.

마음에 들지 않았다.

유대인들의 생활 방식이 어땠건, 나치들의 잔혹한 학살이 어쨌건, 엄마가 울어서 부은 눈에 얼음찜질을 하건 말건, 선생님이 왜 승진이를 반장으로 지목했건 아무런 얘기도 듣고 싶지 않았다.

어쨌든, 무조건 싫어!

아빠가 들려준 유대인 정치 이야기

저녁이 될 때까지 나는 방 안에 틀어박혀, 학교에서 있었던 일을 생각하고 또 생각했다. 그러느라 아빠가 돌아오신 것도 모르고 있었다.

"호곤아! 아빠 오셨는데, 내다보지도 않니?"

엄마가 방문을 열고 말씀하시는 순간, 그제야 시간이 한참 흘러 저녁이 되었다는 사실을 알았다.

"앗, 아빠 오신 줄 몰랐어요. 금방 나갈게요."

아빠는 정치철학이라는 어려운 공부를 하셨는데, 지금은 대학에서 학생들을 가르치신다.

"여보, 낮에 호곤이와 영화를 보다가, 당신에게 물어볼

게 생겼어요."

밥을 먹으면서도 머릿속은 반장 생각으로 가득하던 나는 갑자기 엄마가 내 이름을 부르시는 바람에 정신이 파뜩 들었다.

'아, 맞다, 아까 영화를 보다가 유대인 이야기를 했었지. 엄마가 유대인이 그 당시에 다르게 행동했다면 그런 비극은 없었을지도 모른다고 하셨던 것 같은데…….'

아빠도 잔뜩 궁금하다는 표정으로 우리를 쳐다보며 물어보셨다.

"오호, 영화를 보다가 나에게 물어볼 게 생겼다고요? 그래, 호곤이와 무슨 영화를 봤어요?"

엄마 대신 내가 대답했다.

"〈피아니스트〉요. 유대인 피아니스트가 주인공인데, 엄마가 유대인들이 학살당하던 때가 배경이라고 하셨어요."

아빠가 고개를 끄덕이셨다.

"반유대주의라고 하셨던 것 같은데 유대인들이 고리대금업으로 돈을 많이 벌면서 사람들로부터 오랫동안 미움을 받았다고요. 그래서 그들이 학살당한 건가요?"

아빠는 고개를 갸우뚱하더니 엄마를 한번 슬쩍 쳐다보

고는 내게 물으셨다.

"엄마가 그렇게 말씀해 주시던?"

"네. 엄마는 많은 사람들이 그렇게 생각하고 있다고 하셨어요. 그런데 아빠는 다르게 생각하신다고, 저녁 때 들어오시면 여쭤 보라고 하셨어요."

엄마는 어느새 식사를 마치고, 향이 좋은 커피를 내리고 계셨다.

"당신이 전에 〈쉰들러 리스트〉를 보고 나서 해 준 이야기가 있었잖아요. 그런데 내가 설명을 하려니, 기억이 나야 말이죠. 식사 끝났으면 커피 한잔 하면서 얘기해 주세요."

"어, 그래요. 나는 다 먹었는데, 호곤이도 다 먹으면 자리를 옮겨서 얘기할까?"

"네. 헤헤, 그럼 엄마! 제게도 커피 주시는 거죠?"

엄마는 살짝 눈을 흘기며 말씀하셨다.

"너는 요구르트나 마시세요!"

거실로 자리를 옮긴 우리는 향긋한 커피와 시큼한 요구르트를 앞에 두고 유대인들에 대한 이야기를 이어 나갔다.

아빠가 먼저 설명하셨다.

"많은 사람들이 유대인에 대한 혐오를 표현하면서 유대

인들이 이래서 혹은 저래서 그렇게 되었다는 이야기를 하는데, 그건 고정관념이란다. 좀 전에 유대인들이 고리대금업으로 돈을 많이 벌어서 사람들로부터 오랫동안 미움을 받았다고 했지? 그게 바로 유대인에 대한 고정관념이야. 참, 호곤아, 고정관념이 뭔지 알지?"

맘 편하게 아빠의 설명을 듣던 나는 갑작스러운 질문에 뜨끔했다.

"네……에? 음, 그러니까 고정관념은…….."

우물쭈물 설명을 하려고 하니 얼굴이 빨갛게 달아올랐다. 부모님 앞이라 더 쑥스러웠다.

"녀석, 쑥스러워하기는. 많은 사람들이 어떤 것에 대해서 공통적으로 가지는 틀에 박힌 생각이 바로 고정관념이야. 사람들은 유대인들이 왜 그렇게 학살당했는지, 반유대주의가 왜 나타났는지에 대해서 틀에 박힌 생각을 갖고 있어. 그중 하나가 좀 전에 얘기한 유대인들의 재산을 모으는 방법 때문이라는 생각이란다. 돈이 필요한 사람들에게 적당한 이자를 받고 돈을 빌려주는 것은 나쁜 일이 아니지. 그러나 높은 이자를 받는 고리대금업은 돈이 필요한 사정을 이용해서 부당하게 이득을 보는 것이니 나쁜 일이지. 유대인들이 대부업을 많이 하긴 했어도 모두가 고리대금업자라고 생각하는 것은 고정관념이야. 종교 때문이라는 생각도 있단다. 유대인이 결국 그리스도를 못 박았잖아. 그 때문에 십자군 전쟁 이후 기독교가 지배하는 유럽에서 유대인이 비난을 받았다고들 하지. 그런데 이것은 다 유대인에 대한 고정관념이야. 유대인에 대한 편견 때문에 유대인들이 학살당하지는 않았어."

뭔지 모르지만 아빠가 하시는 이야기는 새로웠다.

"아빠, 그런데 편견은 뭐예요?"

"편견은 이를테면 어떤 것에 대한 나쁜 고정관념이야. 그런데 단순히 나쁘다고 생각하는 것이 아니라, 나아가 혐오하고 차별하는 태도를 보이기까지 하는 거지. 인종 차별이 바로 편견의 대표적인 예란다. 유대인을 혐오하고 차별하며 그들에게 해를 끼치는 것은 반유대주의와 같은 잘못된 고정관념에서 나오지."

아빠 말씀에 우리는 고개를 끄덕끄덕했다. 누가 나에게 편견을 갖게 된다면, 무척 힘들 것 같다는 생각도 들었다.

그 순간, 갑자기 김승진의 얼굴이 떠올랐다. 왜일까?

나는 김승진에 대한 내 감정이 편견일지도 모른다는 생

각을 떨쳐 내려는 듯 고개를 흔들었다. 내가 고개를 마구 흔들자 의아하게 여긴 아빠가 물으셨다.

"호곤아, 내가 틀리게 말했니?"

"아, 아니요. 그냥 기분 나쁜 일이 생각나서요. 아빠, 그럼 유대인이 왜 학살당했다고 생각하세요?"

나는 승진이의 얼굴을 애써 지워 버리고, 다시 이야기에 집중했다. 내 질문에 아빠는 더욱 재미있어하면서 설명하셨다.

"이야, 우리 호곤이가 이제 다 컸구나. 아빠와 이런 대화도 하고 말이야, 허허허. 호곤아, 한나 아렌트라고 들어 본 적 있니?"

"한나 아렌트요? 아니요, 들어 본 적 없는데……. 아! 아빠 서재에서 언젠가 본 것 같아요. 맞죠?"

"그래, 맞아. 내가 한나 아렌트에 대해 논문도 썼잖니. 한나 아렌트는 유명한 정치사상가야. 정치철학 분야에서는 보기 드문 여성학자이고, 독일에서 태어난 유대인이지. 내가 지금까지 말한 반유대주의와 같은 고정관념도 한나 아렌트가 쓴 『전체주의의 기원』이란 책에 설명되어 있단다."

"한나 아렌트도 수용소에 끌려갔었다고 했죠?"

엄마의 말씀에 나는 깜짝 놀랐다. 유대인 수용소에 끌려간 사람들은 가스실에 갇혀 죽었다는 얘기를 들은 적이 있기 때문이다.

"정말요?"

"응, 그랬어. 아렌트가 갇힌 나라는 독일이 아니라 프랑스였고, 그것도 독일인이라는 이유로 잡힌 거라서 다른 유대인들과는 경우가 달라. 아렌트는 나치가 유대인들을 잡아들이기 전에 어머니와 함께 독일에서 프랑스로 망명했지. 그런데 프랑스가 독일과의 전쟁에서 지게 되자 독일에서 온 유대인들을 모두 수용소에 가두어 버렸지."

"아하! 그럼 나치가 만든 유대인 수용소가 아니라 프랑스가 만든 수용소에 갇힌 거네요? 그래서 다행히 탈출할 수 있었던 거군요."

엄마는 고개를 끄덕이셨다.

"그래요. 수용소 관리가 다소 허술해서 서류를 위조하고 탈출할 수 있었어요."

아빠가 설명을 덧붙이셨다.

무시무시한 유대인 수용소를 떠올렸던 나는 "휴!" 하고 안도의 한숨을 내쉬며 물었다.

"그래서요? 아렌트는 그 뒤로 어떻게 됐어요? 나치를 피해 도망갈 수 있었나요?"

"응. 아렌트는 나치를 피해 난민 신분으로 미국으로 건너갔단다. 그곳에서 18년간 무국적 난민으로 지내면서 『전체주의의 기원』을 비롯하여 많은 책을 썼는데, 유대인들이 학살당한 원인에 대해 이렇게 분석했어. 반유대주의는 유대인에 대한 편견 때문만이 아니라, 유대인들이 정치 활동을 하지 않아서 생겼다고도 했지. 유대인들이 정치 활동을 하지 않아서 반유대주의가 생겼고, 그 때문에 끔찍한 학살을 당하게 되었다는 뜻이란다."

아빠의 말씀은 내가 이해하기에는 무척 어려웠다. 하지만 꼭 알고 싶다는 욕심이 생겼다. 왜냐하면 나는 열두 살 어린이로만 머무르지 않을 것이기 때문이다.

어려운 지식을 하나씩하나씩 배울 때마다 어른이 되어 갈 거라는 생각이 들었다. 어른이 되면 향긋한 커피도 당당히 마실 수 있다.

"아빠! 한 번만 더 설명해 주세요. 어렵긴 하지만 꼭 이해하고 싶어요."

부모님은 조금 놀란 표정으로 나를 쳐다보셨다. 엄마가

먼저 빙긋 웃으면서 말씀하셨다.

"호호호, 누가 그 아버지에 그 아들 아니랄까 봐, 어려운 이야기에 흥미를 보이긴."

"그러게 말이에요. 호곤아, 그럼 아빠가 쉽게 설명해 줄 테니 잘 들어 보렴. 한나 아렌트에 따르면 유럽에서 반유대주의가 나타난 것은 기껏해야 2백 년도 채 안 된다는구나. 유대인이 유럽 각지에 흩어져 산 것은 2천 년도 넘었는데 말이야. 그래서 자세히 살펴보니까 유럽인들이 유대인을 증오하고 경멸하기 시작한 때가 바로 유럽에서 제국주의가 시작된 시기라고 해."

일본이 우리나라를 식민지로 삼았던 그 제국주의를 말씀하시는 것 같았다.

"아, 다른 나라를 식민지로 삼는 그 제국주의 말이죠? 일본이 우리나라를 식민지로 삼아서, 이것저것 다 빼앗아 갔잖아요."

"그래, 맞아. 그게 제국주의야. 유럽에서는, 일본이 우리나라를 식민지로 삼은 때보다 앞서 제국주의가 시작되었어. 산업이 발달하면서 경제 활동을 하기에 나라 안은 너무 좁아졌지. 다른 나라에까지 눈을 돌리게 되면서, 힘이 센 나라는 힘이 약한 나라를 침략해 자원을 헐값에 빼앗다시피 하고, 또 물건은 비싸게 팔아 막대한 돈을 벌어들였단다. 그런 제국주의가 시작되자, 반유대주의가 나타났어."

제국주의 시대에 하필이면 왜 유대인이 증오의 대상이 된 건지 궁금했다.

"아빠, 왜 제국주의 시대에 유대인들이 그토록 미움을 받았나요?"

"음, 그건 아까 말했듯이, 제국주의 시대에 들어서면서 유대인들이 제대로 정치 활동을 하지 못했기 때문이야. 그 전에는 유럽의 많은 나라 왕들이 돈 많은 유대인을 궁정의 재정 관리인으로 삼았기 때문에 그들도 힘이 있었어. 궁정의 재정 관리인이라면 요즘의 내무부 장관에 해당하거든."

"장관이요? 그럼 높은 사람이잖아요. 아무나 함부로 못 할 텐데, 제국주의가 시작되면서부터 추락했나 보군요."

엄마도 연신 고개를 끄덕이면서 맞장구를 치셨다.

"맞아요. 국제적인 경제 활동이 시작되자, 유대인들은 그 전에 가졌던 내무부 장관의 지위를 잃어버렸어요. 그런데도 다른 어떤 정치적인 활동도 하지 않았죠. 돈은 너무 많은데, 사회에서 어떤 활동도 하지 않는 사람을 생각해 봐요.

적어도 자신을 보호하기 위한 활동은 해야 되는데……."

두 분의 주고받는 말씀을 들으면서 나도 어느 정도 이해가 되었다.

남들과 다른 특별한 점이 있다면 사람들 눈에 잘 띈다. 더구나 그 특별한 점이 돈이 많은 것이라면 많은 사람들의 시기와 부러움을 받게 된다. 그래도 유대인들이 궁정의 재정 관리인과 같은 중요한 일을 맡고 있을 때는 사람들의 따가운 눈초리를 피할 수 있었다. 그런데 제국주의가 시작되면서 아무 중요한 일을 하지 않으면서 돈만 많이 가지고 있었다면, 사람들로부터 따가운 눈총을 받았을 것이다.

내가 고개를 끄덕이며 부모님이 하시는 말씀을 속으로 되새기고 있자 아빠가 물으셨다.

"호곤이가 이해가 되는 모양이구나? 그래서 한나 아렌트는 유대인들이 정치 활동을 했다면 반유대주의가 나타나지도, 학살을 당하지도 않았을 것이라고 말했단다. 아렌트도 유대인들이 학살당하던 시기를 겪었기 때문에 그 누구보다도 유대인들의 현실을 잘 알고 있었지. 당시에 '유대인 위원회'라는 단체가 있었는데, 뒤늦게라도 그 단체가 나서서 유대인들의 힘을 모으고, 나치에 저항했다면 그런 참사는 피할 수 있었을 텐데, 그러지 못했다는 거야. 저항 한번 못 해 보고 몇백만 명이나 되는 유대인들이 순순히 끌려간 셈이지. 안타깝지 않니?"

나는 정말 안타까웠다. 정치가 뭔지는 잘 모르지만, 힘을 모으고, 자신을 보호하고, 자신의 주장을 이루는 것이 정치라면, 살아가는 데 반드시 필요한 활동이라는 생각이 들었다.

"아빠, 그러면 우리가 일본의 식민지였을 때, 독립운동을 한 것도 정치 활동이겠네요?"

"그럼, 정치 활동이고말고. 여보, 커피 한 잔 더 마실 수 있을까요?"

네 생각은 어때?

한나 아렌트는 제2차 세계대전 때 유대인들이 독일 나치에 의해 무수히 학살당한 원인 중 하나가 정치 활동을 하지 않았기 때문이라고 말했습니다. '유대인들이 정치 활동을 하지 않았다.'는 것은 무슨 의미인지 구체적으로 이야기해 보세요. ▶풀이는 227쪽에 다른 때 같으면 저녁 식사 후에 텔레비전을 보고 깔깔대며 웃고 있었을 텐데, 모처럼 부모님과 유익한 이야기를 많이 나눠서 기분이 좋았다. 그렇지만 내일 학교에 가서 반장이 된 김승진의 꼴을 또 봐야 한다고 생각하니 다시 우울해졌다. 선생님은 왜 하필이면 김승진을 반장으로 지목하셨을까? 나도 정치 활동을 해야 하는 걸까?

철학자의 생각

편견을 넘어,
한 사람의 개인으로 바라보기

지나치게 일반화된 생각, 편견

매달 민주적인 투표로 반장을 뽑아 왔는데 이번 달에는 갑자기 선생님이 직접 반장을 임명하셨습니다. 공부도 잘하고, 인기도 많은 자신은 놔두고, 선생님이 왕따인 승진이를 반장으로 임명하셔서 잔뜩 화가 난 호곤이. 그런데 그날 저녁, 엄마, 아빠와 함께 호곤이는 유대인에 대한 이야기를 나누게 됩니다.

많은 사람들이 유대인에 대해 가지고 있던 생각은 편견이었다는 사실을 알고 호곤이는 승진이에 대해 자신이 가지고 있는 생각 역시 편견이 아닐까 잠시 생각해 보지만 바로 인정하지는 못합니다.

유대인에 대해 '유대인은 똑똑하며 예술적 천재성을 지녔다.' 또는 '유대인은 돈만 밝히며 인색하다.'라고 생각하는 사람들이 많습니다. 유대인들 가운데 이런 사람이 많은 것은 사실일 수도 있습니다. 그러나 모든 유대인이 다 그렇지는 않습니다. 우리가 유대인을 만나면, 그 개인이 어떤 사람인지 알아 가야지 일반적으로 유대인은 어떠어떠하니까 이 사람도 어떠어떠할 거라고 생각하면 안 됩니다. 이런 생각을 편견이라고 합니다.

한나 아렌트와 『전체주의의 기원』

한나 아렌트는 친구들의 활동을 돕다가 비밀경찰에게 체포되어 심문을 받게 됩니다. 8일간 심문을 받고 풀려나자마자 어머니와 함께 독일에서 탈출하여 프랑스로 갑니다. 그리고 거기서 다시 미국으로 도망가서 18년간 난민으로 지내게 됩니다. 그리고 뒤에 『전체주의의 기원』이라는 책을 써서 정치사상가로서 일약 유명세를 타고 미국 시민권을 받게 되지요.

아렌트는 원래 종교 문제, 삶과 죽음의 의미 등에 대해 관심이 많았습니다. 그러나 자신이 당한 현실적인 고난을 이해하기 위해 정치철학에 관심을 기울이게 됐지요. 그러면서 유대인의 운명은 유대인들이 정치적이지 못해서 발생했다는 결론을 얻게 됩니다.

호곤이는 자기가 정치 활동을 해야 할까 생각합니다. 과연 정치란 무엇일까요? 한나 아렌트는 이 문제에 대해 분명한 대답을 하고 있습니다. 아렌트가 생각한 정치와 호곤이가 하려는 정치 활동은 과연 같은 것일까요?

즐거운 독서 퀴즈

1 다음은 이야기 속에 나온 내용이에요. 맞으면 ○, 틀리면 × 표시를 해 보세요.

❶ 제2차 세계대전 때 유대인들이 독일의 나치에 의해 무차별 학살을 당했다.

( )

❷ 유대인들은 로마에게 나라를 빼앗긴 후 독립운동을 해서 되찾았다.

( )

❸ 예수님을 인정하지 않는 유대교라는 종교를 가진 유대인들은 유럽에서 좋은 대우를 받았다.

( )

❹ 유대인들은 오랫동안 나라 없이 지내면서 많은 차별과 박해를 받았다.

( )

❺ 대부분의 유대인들은 고리대금업에 매달려서 엄청난 재산을 모았다.

( )

정답
❶ ○ ❷ ×
❸ × ❹ ○
❺ ×

2 다음은 이야기 속에 나온 철학적 설명을 정리한 문장이에요. ( ) 안에 들어갈 알맞은 단어를 써 보세요.

❶ (   )은 어떤 것에 대한 나쁜 고정관념이에요. 단순히 나쁘다고 생각하는 것이 아니라, 나아가 차별하는 태도를 보이기까지 하는 거죠. 대표적인 예로 인종 차별을 들 수 있어요.

❷ 한나 아렌트는 반유대주의가 유대인에 대한 편견 때문에 생긴 것이 아니라, 유대인들이 (   )을 하지 못해서 생겼다고 분석했어요. 유대인들은 돈은 많았지만 사회에서 어떤 활동도 하지 않고, 자신들을 보호하기 위한 활동조차 하지 않았다고 했죠.

❸ 힘을 모으고, 자신을 보호하고, 자신의 주장을 이루는 것이 (   )라면, 살아가는 데 반드시 필요한 활동이에요.

정답

❶ 편견
❷ 정치 활동
❸ 정치

3 다음은 앞에서 어떤 개념을 설명한 내용이에요. (   ) 안에 알맞은 답을 써 보세요.

　　유대인에 대해 많은 사람들이 가지고 있는 생각은 (　　　　　)이었다는 사실을 알고 호곤이는 승진이에 대해 자신이 가지고 있는 생각 역시 (　　　　　)이 아닐까 잠시 생각해 보지만 바로 인정하지는 못합니다.
　　유대인에 대해 '유대인은 똑똑하며 예술적 천재성을 지녔다.' 또는 '유대인은 돈만 밝히며 인색하다.'라고 생각하는 사람들이 많습니다. 유대인들 가운데 이런 사람이 많은 것은 사실일 수도 있습니다. 그러나 모든 유대인이 다 그렇지는 않습니다. 우리가 유대인을 만나면, 그 개인이 어떤 사람인지 알아 가야지 일반적으로 유대인은 어떠어떠하니까 이 사람도 어떠어떠할 거라고 생각하면 안 됩니다. 이런 생각을 (　　　　　)이라고 합니다.

정답

인간들이 모여 대화를 나누고
공동의 행위를 이끌어 내는 바로 그곳에서
진정한 권력이 형성된다.

― 한나 아렌트

2

스승의 날의
특별한 수업

하하하, 특별 수업에 우리 아빠가 오셨다.
우리 아빠는 정치철학 교수님이니깐!
야, 김승진! 봤지? 우리 아빠가 얼마나 멋진 분인지?
내가 반장이 되었어야 하는데…….
그런데 아빠는 오늘 어떤 수업을 해 주실까?

 ## 과연 누가 오실까?

점심시간.

슬범이가 빈 급식판을 들고 앞으로 나가는 승진이에게 다가가자, 나와 다른 친구들도 우르르 몰려 나갔다.

"야, 비켜!"

슬범이가 승진이의 어깨를 툭 치며 앞으로 한 발자국 나섰다.

어디에 걸려서 그랬는지 아니면 원래부터 그랬는지 승진이의 스웨터 어깨 부분에 올이 나가 있었다. 5월이었지만 승진이는 아직 스웨터를 입고 있었다.

"어라? 또 벌써 다 먹어 치웠네? 여하튼 먹는 건 선수라

니까!"

용수가 승진이의 빈 급식판을 툭툭 쳤다.

"왜…… 왜 그래……."

승진이가 어깨를 축 늘어뜨리고 빠끔한 눈을 치켜뜨며 말했다.

"어쩜 말하는 건 저렇게 느린지, 답답해 죽겠다니까!"

태섭이가 자기 가슴을 쾅쾅 쳤다.

"네가 무슨 음식물 쓰레기통이냐? 국물도 없이 싹싹 다 긁어 먹게? 너희 집에선 널 굶겨 보내냐? 하긴, 너 같은 놈이 먹으면 좀 아깝긴 하겠다!"

성훈이도 한마디 거들었다.

"이것도 먹을래?"

성훈이가 반이나 남긴 자기 급식판을 승진이 앞에 내밀었다. 좀 너무한다는 생각에 나는 성훈이의 급식판을 빼앗아 급식 통에 넣었다.

"네가 반장이 된 게 뭐 잘나서 그런 줄 알아? 불쌍해서 선생님이 그냥 뽑아 주신 거야. 너 같은 놈이 평생 반장이나 한번 해 볼 수 있겠냐? 그러니까 나서지 말고 우리가 시키는 대로 잘 따르기나 해."

나는 승진이 앞에 주먹을 쥐어 보였다. 다른 아이들도 똑같이 주먹을 쥐어 보였다.

"왜…… 그러는 건데? 나 아……안 했어, 잘못……."

승진이가 주뼛주뼛 기어들어 가는 목소리로 말했다.

"어쭈! 말대꾸하기는? 이유 같은 건 필요도 없어. 네가 반장이 된 것뿐만 아니라 네가 우리 반이라는 것 자체가 우리는 싫으니까. 넌 너무 느리고, 아무튼 우리하고 다르단 말이야!"

슬범이가 쥐고 있던 주먹으로 승진이의 어깨를 쳤다. 그때 태섭이가 슬범이를 막아섰다.

"야, 저런 자식을 만지냐? 더럽게. 저 자식한테서 똥 냄새 난단 말이야!"

태섭이가 자기 코를 감싸 쥐었다.

"안 나! 내……냄새……. 나 안 했어, 잘못……."

승진이가 다시 눈을 치켜떴다.

"짜증 나니까 넌 말하지 마. 무슨 말을 그렇게 단답형으로 하냐? 답답해 돌아가시겠다. 넌 대답 같은 걸 할 자격도 없는 놈이야. 왕따 자식!"

용수는 돌아서서 자기 자리로 돌아갔다. 어느새 급식 당번이 급식판을 모두 치웠고 왁자지껄하던 아이들이 수업 준비를 하고 있었다.

곧이어 수업을 알리는 종소리가 울렸다.

"여하튼, 네가 반장이랍시고 나서지 말란 말이야. 우리 반 애들 어느 누구도 네 말 같은 건 듣지 않을 테니까. 명심해!"

아이들이 모두 제자리로 돌아가고 누군가 "수업 시작한다." 하고 외쳤다.

맞다. 오늘은 특별 수업이 있는 날이다. 매달 마지막 주 토요일에 한 번씩 하는 행사지만 이달은 특별히 스승의 날이 있는 5월이라 정규 수업을 빼고 특별 수업을 하게 됐다. 보통 이런 수업은 반장의 어머니나 아버지가 오셔서 강의하셨다.

3월엔 아동문학가이신 반장 어머니가 글쓰기에 대해서 강의하셨고, 4월엔 반장은 아니지만 성훈이 어머니가 오셔서 종이접기를 가르쳐 주시며 종이접기와 생활의 지혜에 대한 이야기도 함께 해 주셨다. 그때 성훈이가 얼마나 잘난 척을 했던지…….

평소에 엄마 말이라면 청개구리 못지않게 군다던 성훈이 어머니의 말씀에 우리는 박장대소했지만 성훈이는 부끄러워하는 것도 잠시, 자기 어머니가 오셨다는 것과 그리고 아이들이 재미있게 수업을 들었다는 것에 대해 몹시 우쭐 했었다.

이번엔 어떤 분이 오실까?

설마 반장이랍시고 승진이 아버지나 어머니가 오시는 건 아니겠지? 설마…….

밥도 굶기고 옷도 후지게 입히고 씻으라는 잔소리도 안 하는데 뭣 하러 학교까지 와서 수업을 하시겠어? 모르긴 몰라도 승진이 부모님 역시 수업을 해 주실 만큼 자랑스러운 분은 아닐 거야, 뻔해!

네 생각은 어때?

승진이는 공부도 못하고 말도 어눌하고 냄새도 나고 느려 터졌다고 해서 반 아이들에게 왕따를 당합니다. '나와 다르다.'고 해서 왕따를 시키는 일에 대해 여러분은 어떻게 생각하나요?

▶풀이는 228쪽에

인간은 정치적 동물

우아!

담임 선생님과 특별 수업을 해 주실 학부모님이 들어오시자 아이들은 환호성을 지르며 박수를 쳤다.

용수는 인디언 소리를 내며 책상까지 쳐 댔다. 나는 나도 모르게 귀까지 빨개졌지만 힘껏 박수를 쳤다.

"호곤이 아버지시다!"

슬범이는 일어나서 박수를 쳤다. 우리 집에 자주 놀러 오는 슬범이가 대번에 아빠를 알아본 것이다.

아빠가 오시리라고는 생각조차 하지 못했기 때문에 나는 순간 얼굴이 빨개졌다. 부끄러웠다. 무엇을 잘못해서 창

피한 그런 기분 나쁜 부끄러움이 아니라 쑥스럽지만 기분 좋은 그런 부끄러움이었다.

　내가 아빠를 향해 힘차게 박수를 친 이유는 바로 우리 아빠가 오셨기 때문이기도 했지만 승진이의 아버지나 어머니가 오시지 않아서 더욱 기뻤기 때문이다.

　"자, 조용히 하세요."

　담임 선생님이 활짝 웃으며 아이들에게 말씀하셨다.

　"미리 말했듯이 오늘은 특별 수업이 있는 날이에요. 김호곤 아버님께서 바쁜 시간을 내서 수업을 해 주실 텐데 여러분 잘할 수 있죠?"

　박선해 선생님의 양볼에 보조개가 쏙 들어갔다. 김호곤 아버님이라고 말씀하실 때는 난 또 얼마나 가슴이 조여들었는지 모른다. 그 순간 선생님이 나를 보고 잠깐 웃으신 것 같기도 했다. 오늘은 선생님이 더 예뻐 보인다.

　"자, 반장! 인사해야지."

　선생님이 승진이를 바라보셨다.

　승진이가 자리에서 일어났다. 이럴 때 내가 반장이어서 차렷, 경례를 외치면 얼마나 좋았을까? 아빠에게도 자랑스러운 아들이 되었을 텐데……. 여하튼 저 왕따가 반장이 되는 바람에 모든 게 다 엉망이 돼 버렸다.

"차……차려엇! 겨……경례에!"

승진이는 잔뜩 움츠린 채 빠끔한 눈만 들어 더듬더듬 말했다. 그러고는 얼굴이 홍당무처럼 빨개졌다. 승진이가 말을 더듬으며 어설프게 인사하는 모습을 보니 기분이 조금 좋아졌다. 승진이의 저런 꼴을 보고 어떤 사람이 반장답다고 생각할까? 아빠도 내가 반장에 더 어울리는 아이라고 생각하실 게 분명했다. 나는 키득키득 나오려는 웃음을 억지로 참았다.

"안녕하세요?"

아이들이 일제히 목청껏 소리를 질렀다. 특별 수업 선생님이 오셔서 그런지 유난히 크게 소리를 질렀다.

"하하하! 반갑습니다."

아빠가 아이들의 인사에 크게 웃으며 대답하셨다. 아빠의 목소리가 집에서 들을 때보다 더 우렁차고 멋있었다.

"이렇게 반갑게 맞아 줘서 고마워요."

아빠가 활짝 웃으며 교단에서 내려오셨다. 그러고는 승진이 쪽으로 걸어가셨다.

"네가 반장이니?"

아빠가 승진이에게 물어보셨다. 승진이는 고개를 들지 못하고 아주 작은 소리로 "예." 하고 대답했다.

"허, 그래. 참 착하게 생겼구나. 일일이 악수를 하며 인사하고 싶은데 그럼 수업 시간이 다 지나가니까 대표로 반장과 악수를 할게요."

아빠는 승진이에게 손을 내미셨다.

'으악, 더러운 승진이 손을 잡으려고 하시다니! 안 돼요, 안 돼! 그 애는 더러운 왕따 자식이란 말예요!'

내 속에선 분명 그렇게 소리를 지르고 있었다. 그러나 나는 한마디도 입 밖으로 내뱉지 못하고 승진이만 노려보았다.

승진이는 아빠가 내민 손 쪽으로 슬그머니 자신의 손을 갖다 댔다.

'안 돼!'

아빠와 승진이는 악수를 했다. 그것도 한참이나!

"초대해 줘서 고마워요."

아빠는 승진이를 쳐다보며 웃으셨다. 승진이도 따라 웃었다. 아빠는 아이들을 향해서 손을 흔들며 초대해 줘서 고맙다고 한 번 더 인사를 하셨다.

아빠는 다시 교단으로 올라가시고, 담임 선생님은 맨 뒷

자리로 가셨다.

"자, 그럼 수업을 시작해 볼까요?"

아빠의 말씀이 떨어지기가 무섭게 아이들이 "예." 하고 또 소리를 질렀다.

"제 소개를 간단히 하자면 저는 김호곤 아빠입니다."

아이들이 와르르 웃었다. 너무나 당연한 얘기를 심각한 목소리로 말했기 때문이다.

"하하하, 다 알고 있었죠? 아, 다시 소개할게요. 저는 정치철학을 전공했고 대학에서 학생들을 가르치고 있어요."

아빠의 말씀이 끝나기가 무섭게 언제나 질문이 많은 우리 반 나서기 대장 조해리가 손을 번쩍 들고 물어보았다.

"정치철학이 뭐예요?"

"정치철학은 사람들이 모여서 생활하는 가운데 발생하는 정치적 현상에 대해 연구하는 거예요. 우리는 혼자 살지 않고 항상 집단생활을 하게 되죠. 집에서나 학교에서나, 그리고 취미 활동이나 종교 활동을 할 때도요. 넓게는 우리가 속해 있는 국가에서도 그렇고요. 그런데 이러한 집단은 어떤 방향성을 갖고 앞으로 나아가려고 해요. 집단의 움직임은 정치적인 의미를 가질 수밖에 없고요. 그래서 정치는 단순히 정치가들만의 문제가 아니지요. 정치가 잘못되면 모든 사람이 고통받게 되니, 정치는 모든 사람의 문제인 셈입니다. 또한 정치는 우리들이 일상생활 속에서 맺는 모든 인간관계와 관련되어 있다는 점도 잊지 말아야 해요. 인간이 인간답게 살아가려면 반드시 고려해야 하는 문제들이 있는데, 상당 부분 정치와 관련되어 있어요. 그래서 '인간은 정치적 동물이다.'라는 말도 있어요."

3월 반장이었던 주영이가 손을 들었다.

"선생님, 아니 교수님!"

"하하하, 편한 대로 불러도 돼요. 궁금한 점이 있으면 누구든 손을 들지 않고 아무 때나 끼어들어 질문해도 좋아요. 나 혼자 강의를 하는 게 아니라 우리 모두가 함께 수업을 하는 것이니까요. 자, 말해 보세요."

"교수님, '인간은 정치적 동물이다.'가 아니라 '인간은 사회적 동물이다.'가 맞는 말 아닌가요? 그렇게 말한 사람은 아리스토텔레스고요."

우아! 아이들이 일제히 주영이를 쳐다보며 환호했다. 주영이는 아는 척하며 질문하는 버릇이 있지만 아이들 모두 주영이가 아는 게 많다고 인정하기 때문에 미워하지는 않

았다. 이번에도 주영이는 마치 대학생이나 된 것처럼 어른스러운 목소리를 냈다.

"맞아요. 그렇게 배웠을 거예요. '우리는 혼자서는 살 수 없다. 그래서 여럿이 모여서 함께 살아간다. 그런데 생각과 관심이 서로 다른 사람들이 모여 살다 보면 여러 가지 문제가 발생하기 마련이다. 따라서 밝고 아름다운 사회를 이루기 위해서는 함께 사는 지혜가 필요하다.'라면서 '인간은 사회적 동물이다.'라고 배웠을 거예요. 맞나요?"

아빠가 반응을 살피기 위해 아이들을 쳐다보셨다.

"맞아요!"

아이들이 대답을 머뭇거리고 있는 사이, 슬범이가 큰 소리로 대답했다. 아이들이 모두들 까르르 웃어 댔다.

"호곤이 형이 초등학교 6학년 때 국어 시험에 이런 문제가 나왔어요. 아까 한 이야기에서 '우리는 혼자서는 살 수 없다.'라는 말에 밑줄을 긋고, '이와 관계가 깊은 말이 무엇인지 찾으세요.'라는 문제가 나왔지요. 답으로 보기 네 개 가운데 하나를 선택할 수 있게 했는데, 여러분도 한번 해 보세요. 첫째, 인간은 생각하는 동물이다, 둘째, 인간은 정치적 동물이다, 셋째, 인간은 사회적 동물이다, 넷째, 인간은 웃기는 동물이다."

아빠가 마지막 보기를 말씀하셨을 때 아이들은 폭소를 터뜨렸다. 그러고는 혹시 함정이 있을까 생각한 몇 명의 아이들을 제외하고 모두 세 번째가 답이라고 대답했다.

"혹시나 하고 2번을 선택한 학생이 있는 것 같은데 많은 학생들이 대답한 3번 답이 맞아요."

답을 맞힌 아이들은 자기가 맞혔다고 우쭐대며 소란을 피웠다.

다시 아빠의 말씀이 이어졌다.

"답은 3번이에요. 그렇지만 여기에서 생각해야 할 점이 있어요. 이 말의 의미는 인간은 혼자 살 수 없고 서로 협동해서 살아야 한다는 데 있어요. 그런 점에서는 이 말은 맞는 말이지만, 아리스토텔레스가 말한 의미에서는 적절한 답이 될 수 없어요."

아이들은 아빠의 말씀이 선뜻 이해되지 않는다는 듯 고개를 갸우뚱했다.

아빠는 설명하면서 주목하라는 듯 한 손을 드셨다.

"인간은 어떠어떠한 동물이다, 라는 말이 의미가 있으려면 그 내용은 인간에게만 해당돼야 해요. 그런데 사회적 협동이 필요하다는 것은 무리 생활을 하는 모든 동물에게 공통적으로 해당돼요. 인간만이 가진 특별한 점이 될 수 없지요. 〈동물의 세계〉라는 텔레비전 프로그램을 보면 동물들이 모여 살면서 서로 협동하는 모습을 종종 볼 수 있어요."

"맞아요, 교수님. 치타나 고릴라뿐 아니라 작은 개미들도 서로 도우며 먹이를 옮기는 모습은 흔히 볼 수 있어요."

아빠의 말씀이 끝나기가 무섭게 주영이가 설명을 덧붙였다.

"그래요, 하하하!"

아빠는 계속 말씀을 이어 가셨다.

"아리스토텔레스라는 사람은 그리스 사람이었어요. 그러니까 그리스어를 사용했겠죠?"

"당연하죠, 우리는 한국인이니까 한국말을 사용하고요."

용수도 대단한 걸 알고 있다는 듯 우렁차게 대답했다.

"옛날에 그리스에는 도시 하나 정도의 규모인 작은 국가들이 많이 있었죠. 그중에서도 아테네라는 곳에서는 모든 자유민들이 정치에 직접 참여하는 직접 민주주의를 시행했어요. 이처럼 사람들이 정치에 직접 참여하는 공간을 가리켜 폴리스(polis)라고 해요. 그러니까 폴리스는 정치적 공간을 말하지요. 정치적 참여를 통해서 인간됨을 실현하는 거예요. 당시에는 여성에 대한 차별이 있었기 때문에 여성들은 정치에 참여할 수 없었어요. 물론 노예들도 마찬가지였고요. 그래서 아리스토텔레스는 여성과 노예는 완전한 인간이 될 수 없다고 말했어요."

그때 해리가 갑자기 소리를 지르며 벌떡 일어났다.

"그런 게 어디 있어요?"

"하하하! 화내지 말아요. 내가 아니라 아리스토텔레스가 그랬으니까!"

아빠가 웃으며 난감해하시자 재은이가 손을 들고 말했다.

"그렇다면 아리스토텔레스는 평등도 모르는 나쁜 사람 같아요."

"맞아요. 어떤 사람은 아리스토텔레스가 여성을 차별한 나쁜 사람이라고 말하기도 해요. 그런데 아리스토텔레스를 변호하는 사람들은 아리스토텔레스가 여성을 차별했다기보다는 정치에 참여하지 못한다면 인간은 완전한 인간이 될 수 없다는 뜻으로 말했다고 주장했어요. 그게 공정한 판단이라는 것이지요. 아무튼 아리스토텔레스는 폴리스는 정치적 공간이고, 이 공간에서 정치적 활동을 할 때만 인간은 인간다울 수 있다고 생각했어요. 즉 '인간은 폴리스적인 인간이다.' '인간은 폴리스에서 정치적 활동을 할 때에만 인간다울 수 있다.'라는 뜻으로 말했죠."

"그런데요, 아빠!"

아이들이 일제히 나를 쳐다보았다.

"아니, 교수님!"

아이들이 깔깔대고 웃자, 아빠도 웃으며 나를 가리키셨다.

"그래요, 김호곤 학생. 말해 보세요."

"그런데 대체 사회적 활동하고 정치적 활동하고 다른 게 뭐예요? 여하튼 둘 다 사람들이 모여 살면서 협동하는 거 아니에요?"

"좋은 질문이에요. 그 옛날 그리스에서는 경제 활동이 가정에서 일어나는 개인적인 문제였기 때문에 공적인 폴리스에서는 이야기하길 꺼려 했어요. 개인적인 경제 문제를 공적으로 다루면 공적인 폴리스가 파괴될 수 있다고 생각했기 때문이지요. 그 대신 폴리스는 공적인 문제를 다루면서, 서로 다른 생각을 제시하고 토론하는 자리였지요. 그래서 사람들은 서로가 다르다는 사실을 귀중하게 여겼고, 서로 다름을 존중하는 가운데 뭔가 중요한 공통점을 발견하려고 노력했어요. 폴리스는 이처럼 다양성을 존중하면서 자기 생각을 표현하고 드러내는 공간이었고, 사람들은 이 같은 정치적 참여를 통해 참으로 인간다운 삶이 무엇인지 발견해 나갔지요."

나는 고개를 주억거리긴 했지만 여전히 정리되지 않았다.

"교수님! 그럼 사회적 동물이라는 말과 정치적 동물이라는 말의 뜻을 비교해서 쉽게 설명해 주세요."

나는 아빠에게 "교수님!" 하면서 질문하려니 어쩐지 어색하게 느껴졌다. 아빠가 정말 나의 아빠가 아니라 전혀 모르는 저명하신 교수님 같았다. 거리감을 느꼈다기보다는 자랑스러웠다는 말씀!

"사회적 동물이란 말은 사회에서 공동으로 경제적 문제를 해결하며 살아간다는 뜻이고, 정치적 동물이란 말은 인간답게 살기 위해 정치에 참여함으로써 자기의 독특한 면을 표현하고 공동생활을 추구하며 살아간다는 뜻이지요."

"교수니임!"

슬범이가 말꼬리를 늘이며 아빠를 불렀다. 아이들이 일제히 슬범이를 쳐다보았다. 슬범이는 아이들 모두가 자신을 쳐다보자 기어들어 가는 목소리로 말했다.

"어쨌든, 교수님! 인간도 동물 아닙니까? 폴리스적 동물도 좋지만 본능에 충실한 동물이 되고 싶은데요. 그러니까…… 쉽게 말하자면 오……오줌이 마렵다는…….."

아이들은 교실이 떠나갈 듯이 웃어 댔다. 아빠와 담임 선생님도 큰 소리로 웃으셨다.

 ## 역시 반장감은 나야!

　잠시 쉬는 시간을 갖기로 하고 아빠와 담임 선생님은 교무실로 가셨다.
　슬범이가 오줌이 마렵다고 말했을 때 아이들은 마치 자기들은 안 그런 것처럼 웃어 댔지만 정작 화장실은 초만원이었다. 점심시간이 지난 다음이어서 그런지 모두들 오줌을 많이 참았었나 보다.
　나 역시 화장실에서 친구들과 줄을 서 있었다.
　서로 다른 생각을 제시하고 함께 토론하면서 공동의 삶을 추구하는 존재가 정치적 동물이라면, 정치적 동물과는 절대적으로 동떨어진 인간이라고 할 수 있는 승진이도 오

줌을 싸러 화장실에 왔다. 승진이처럼 어눌한 아이는 자신의 생각을 말하지도 못할뿐더러 토론이 안 먹히고, 공동생활에서 언제나 벗어나 있으니 정치적 동물과는 거리가 멀었다. 정치적 활동을 통해 인간은 인간다운 삶을 살 수 있다고 했으니, 승진이는 인간답지도 못한 인간이다.

승진이가 화장실에서 줄을 서 있다는 걸 의식하고 태섭이가 일부러 큰 소리로 말했다.

"호곤아, 어쩜 너희 아버지는 그렇게 멋지시냐? 어려운 철학 이야기를 너무 쉽고 재밌게 해 주시니 말이야. 슬범이가 오줌이 마렵다고만 하지 않았으면 난 세 시간이고 열 시간이고 수업을 들을 수 있었는데 말이야!"

그때 화장실에서 나오던 슬범이가 버럭 소리를 쳤다.

"뭐라고? 나 아니었으면 말도 못 하고 바지에 오줌을 찔끔찔끔 쌌을 녀석들이……. 형님한테 고맙다고나 해!"

슬범이의 말에 태섭이가 장난스럽게 말했다.

"근데, 원칙상 반장 부모님이 오셔야 되는 거 아니냐?"

승진이는 아무런 말도 하지 않았다. 아무 대꾸도 하지 말라고 했던 우리들의 말을 잘 듣기로 작정했나?

"반장이 반장다워야 반장 부모님을 모셔서 수업을 하든

가 말든가 하지. 이번 반장은 진정한 반장이 아니라 임시 반장이라니까! 스승의 날 때문에 선생님이 임시로 뽑은 반장. 헴, 그러니 반장감이 될 만한 사람의 부모님이 오시는 게 당연하지!"

용수가 헛기침을 섞어 가며 화장실이 쩌렁쩌렁 울리게 큰 소리로 말했다.

"야, 왜 그래? 쑥스럽게!"

나는 얼굴을 조금 붉히며 머리를 긁적였다. 어느 정도 수긍이 가는 말이었지만 이럴 때는 겸손한 척해야 할 것 같았다.

"아니야, 이번엔 정말 네가 반장이 됐어야 했는데! 나 역시 반장 자리를 노리긴 했지만."

성훈이는 지난달 엄마가 수업을 해 주셨던 것을 다시 한 번 강조했다.

"여하튼, 너희 아버지 정말 멋지시다. 대학에서 대학생 누나, 형 들을 가르치시는 분이라 그런지 목소리부터 다르신 것 같아. 안 그래, 김승진?"

용수가 승진이 얼굴에 자기 얼굴을 바짝 들이밀며 말했다.

고개를 숙이고 있던 승진이가 눈을 치켜떴다.

"맞아. 머……멋있어. 호……호곤이 아버지……. 아니, 교수님……."

"네가 이제 제대로 알아듣는구나. 그래 이제부터 형님들이 말하면 고분고분 말 잘 들어. 반장이랍시고 나서지 말고 가만히 있으면 돼!"

슬범이가 승진이에게 다짐이라도 받으려는 양 윽박지르며 말했다.

볼일을 본 후 화장실을 나오는데, 맨 끝줄에서 기다리던 용수가 승진이 앞을 지나 먼저 화장실로 들어가 버렸다. 승진이는 다시 맨 끝줄에 서게 되었다. 내가 새치기를 하지는 않았지만 어쨌든 새치기를 한 것은 좀 나쁘다는 생각이 들었다. 용수를 말리려다가 그만 못 본 척하고 나오려는데 태섭이의 목소리가 등 뒤에서 들렸다.

"야, 김승진! 넌 꼭 손 씻고 나와라. 안 그래도 넌 냄새나는 놈이니까!"

자랑스러운 우리 아빠

"이제 몸도 가벼워졌으니 다시 시작해 볼까요?"

아빠가 슬범이를 쳐다보며 말씀하시자 아이들도 모두 슬범이를 쳐다보며 웃었다.

"지난 겨울 방학 때, 여러분들도 『베니스의 상인』을 읽었나요? 우리 호곤이는 읽던데?"

"예! 겨울 방학 추천 도서 중 하나였어요."

기중기라는 별명을 가진 기준기라는 아이가 대답했다.

"거기서 유대인 샤일록이 고리대금업자로 나오는데 기억하지요?"

또 한 번 아이들이 입을 모아 "예." 하고 대답했다.

"또 지난번에는 호곤이가 집에서 엄마와 함께 유대인 학살에 관한 영화를 봤는데, 왜 유대인이 그렇게 학살을 당해야만 했는지 묻더라고요."

"교수님!"

주영이가 손을 들었다.

"그건, 제가 말씀드릴 수 있어요. 유대인들은 신이 자신들을 특별히 선택했다는 선민의식을 갖고 있었는데, 그때 유럽은 기독교 중심의 세상이었기 때문에 유대인들은 나라 없이 떠돌며 살 수밖에 없었어요. 또 샤일록처럼 고리대금업과 같은 나쁜 방법으로 돈을 많이 모아서 자기들만을 위해서 썼기 때문에, 유대인을 미워하는 사람들이 그들을 그렇게 무차별 학살한 거예요."

주영이가 또박또박 설명하자 몇몇 아이들은 "오, 잘난 척!" 하며 반은 시기를, 반은 감탄을 했다.

"흐음, 설명을 아주 잘했어요. 그런데 제가 생각할 때 그 말이 맞는 답은 아닌 것 같아요."

"네? 그렇지만 책에서 읽은 건데……."

주영이가 당황해하며 고개를 갸웃거렸다. 나는 지난번에 아빠에게 들었기 때문에 지금부터 어떤 말씀을 하실지

짐작이 갔다. 그렇다고 아는 척할 수는 없었다. 아빠가 더 잘 설명해 주실 것이기 때문이다.

"민족적 특성이 다르고, 고리대금업을 했다고 해서 학살을 당해야 한다는 건 부당하게 생각되고 이해되지 않아요. 그렇다고 유대인들이 돈을 훔쳐서 생활한 것도 아니고요."

『베니스의 상인』을 읽었다는 준기가 다시 한번 말했다.

아빠는 고개를 끄덕이셨다.

"그 이야기를 해 주려고 했어요. 맞아요, 유대인이 고리대금업으로 돈을 벌었다고 해서 학살을 당할 이유는 없지요. 많은 사람들이 유대인들이 돈이 많고 똑똑해서 사람들에게 시기를 받아 반유대주의가 나타났다고 하는데, 그건 고정관념이에요. 제가 처음에 여러분에게 한 얘기 기억하죠? 인간은 정치적 동물이란 말이요."

"네! 인간은 정치 활동을 해야 인간다운 삶을 살 수가 있어요!"

슬범이가 큰 소리로 대답했다.

"껄껄껄, 잘 기억하고 있네요. 그런데 유대인들은 그렇게 하지 못해서 사람들의 미움을 받게 되었어요."

"교수님! 정치 활동을 안 했다고 사람들한테 미움을 받왔다는 게 이상해요. 저는 정치 활동을 안 하는데도, 애들이 저를 미워하진 않거든요?"

태섭이가 이상하다는 듯 고개를 갸웃거렸다.

"잘 지적했어요. 유대인들은 사람들의 눈에 띌 만큼 아주 돈이 많았어요. 사람들에게 부러움과 시기를 받기 쉬웠죠. 사회를 위해 큰돈을 쓰지는 않더라도, 유대인들끼리 힘을 합쳐 자신들을 보호하기 위한 정치적 활동을 할 수는 있었을 텐데, 그들은 그렇게 하지 못했어요. 사람들이 자신들을 미워하도록 그냥 내버려 둔 셈이죠. 법을 만들고 나라를 통치하는 데 유대인들이 적극적으로 참여해서 자신들의 의견을 말하고 주장도 내세웠다면, 이야기는 달라졌을 거예요. 아까 정치적 공간이 다양한 의견을 제시하고 토론하는 곳이라고 했지요? 그런 정치 활동을 통해서 비로소 인간은 인간다울 수 있다고……. 유대인들이 자신들이 가진 민족적 특성이나 현실을 잘 인식하고, 자신들과 다른 민족의 특징을 받아들이며 서로의 다양한 의견을 잘 조율했다면, 그런 비극적인 대학살은 일어나지 않았을 거예요."

"그렇지만 어른들이 정치하는 모습을 보면 만날 싸우는 것 같던데요? 그리고 유대인과 다른 민족들이 서로 옳다고 우기면 오히려 더 심한 갈등이 일어날 수도 있잖아요?"

질문하기 좋아하는 조해리가 묵묵히 앉아 있더니 드디어 입을 열었다.

"하하하, 정치 하면 떠오르는 모습이 싸우는 모습이라는 게 어른으로서 참 안타깝긴 하지만 어쩌면 당연할 수밖에 없어요. 우리 인간은 서로 다르기 때문에 매우 다양한 생각과 의견을 가지고 있지요. 누구의 답이 옳고 그르다고는 할 수 없어요. 왜냐하면 하나의 답을 강요하는 건 폭력적일 수밖에 없거든요. 정치에서는 하나의 답이 존재할 수 없기 때문에 서로 다른 사람들이 모여 의논하고 대화하며 의견을 조율해 나가요. 정치는 끝없는 과정이지요. 토론의 과정에서 수많은 시행착오를 거치며 좋은 답을 찾아 나가는 거예요. 정리하자면, 정치는 의견을 나누고, 서로 다른 의견을 내며 경쟁하는 활동이라고 말할 수 있어요."

"그럼 우리가 학급 회의를 하는 것도 정치 활동이에요?"

성훈이가 질문했다.

"그럼요, 그뿐만 아니에요. 여러분 중에 특별히 친하게 지내는 친구들이 '독수리 오형제'라는 이름으로 학교 운동장에서 농구를 하고 있는데, '갈매기 오형제'라는 이름의 다른 아이들이 끼어들어 자기들이 농구를 하겠다고 비키라고 한다면 어떻게 될까요?"

아이들은 '독수리 오형제' '갈매기 오형제'라는 말에 박장대소를 터뜨렸다.

"당연히 한판 붙겠죠."

용수가 대답하자 이번엔 아빠가 껄껄껄 웃음을 터뜨리셨다.

"한판 붙는 것은 정치 활동이 아니겠죠? 우리가 인간답게 살기 위해서 정치적 활동이 필요하다고 했으니 무조건 한판 붙는 건 좋은 방법이 아니에요. 일단 그 두 집단은 서로 왜 농구 코트를 차지해야 하는지를 주장할 거예요. 그리고 좋은 방법을 찾아내기 위해 다양한 의견을 내놓겠죠? 코트를 번갈아 사용하는 것도 좋겠고, 아니면 편을 짜서 농구를 하는 것도 괜찮겠지요. 그런 상황이 실제로 벌어진다면 내가 얘기한 것보다 더 좋은 의견들이 양쪽 오형제들 사이에서 많이 나올 거예요. 이처럼 우리는 서로 다른 의견을 갖고 있기 때문에 더 풍요로운 삶을 살 수 있어요. 그러니까 서로 다르다는 건 오히려 더 좋은 정치 활동을 할 수 있게 해 주겠죠? 이런 것들 모두 정치 활동이라고 할 수 있어요. 특히 평등과 자유가 보장되는 민주주의 세계에서 살고 있는 오늘, 다양한 사람들의 의견을 중심으로 한 정치를 해야 해요. 물론 자기 고집만 끝까지 내세우면서 자기주장만 하거나, 내 말을 듣지 않는다고 폭력을 휘두르는 것은 정치가 아니죠."

아이들이 모두 고개를 끄덕이는 걸로 보아 아빠의 설명을 잘 이해한 것 같았다.

나도 궁금하고 이해되지 않았던 문제의 답을 알게 되어 속이 다 시원했다.

"오늘 제가 여러분에게 한 이야기는 바로 한나 아렌트라는 사람이 한 말이에요. 이제 '인간은 정치적 동물이다.'라는 말이 무슨 의미인지 알겠죠? 유대인 학살의 이야기를 통해 정치 활동이 얼마나 중요한지도 충분히 알게 됐을 거예요. 다음에 기회가 된다면 한나 아렌트에 대한 이야기를 또 해 주고 싶네요. 아쉽게도 오늘은 여기서 마쳐야 할 것 같군요. 담임 선생님이 저 뒤에서 손을 흔드시는데요? '이제 시간 다 됐어요.'라고요."

아이들이 모두 뒤를 돌아보자 박선해 선생님의 얼굴이 빨개졌다.

아이들은 아빠의 인사에 크게 박수를 쳤다. 아빠가 교실 문을 다 빠져나가실 때까지 오랫동안 박수를 쳤다.

나는 올림픽에서 금메달을 딴 선수가 국민들에게 박수를 받는 기분이 바로 이럴 거라는 생각이 들었다.

이 뿌듯함과 자랑스러움!

정치 활동이 필요해!

"그러니까 우리도 이제부터 정치 활동이 필요하다고……."

기찻길 서쪽으로 붉게 노을이 지기 시작했다. 노을은 대체로 붉지만 잘 살펴보면 그 안에는 주황색도 있고, 노란색도 있고, 파란색, 회색, 잿빛까지도 함께 어우러져 있다.

그런데 이상하다. 왜 붉은색만 돋보이는 거지? 혹시 이것도 정치의 결과 아닐까? 붉은색과 주황색, 노란색이 모여, 어떻게 하면 해 질 녘의 노을을 더 아름답게 만들어 집으로 돌아가는 사람들을 행복하게 해 줄 수 있을까 토론하다가, 아름다운 장밋빛 붉은색이 하루의 마지막을 알리는 전령이 되기로 했던 것은 아닐까?

아까부터 슬범이는 정치 활동이 필요하다고 주장했다. 무슨 정치 활동이 필요하냐고 물을 때마다 매번 우리의 힘을 보여 줄 강력한 정치 활동이 필요하다는 거였다. 뜬구름 잡는 것 같은 슬범이의 말에 아이들은 들은 체 만 체, 별난 아카시아에 누가 빨리 올라가나 시합하기 시작했다.

내가 제일 먼저, 뒤이어 용수가 그리고 성훈, 태섭이가 나무에 올랐다. 별난 아카시아는 두 그루의 나무가 하나의 나무처럼 이어져 있었고, 이어진 부분은 마치 누군가 일부러 만들어 놓은 벤치 같아서 앉을 수 있었다. 조금 좁긴 했지만 우리들은 엉덩이를 바짝 붙여 겨우 앉았다.

나무 위에서 보는 노을은 정말 멋있었다.

"너희들 내 말이 말 같지 않아? 정치 활동이 필요한 이 시급한 때 그깟 나무나 탈 거야?"

슬범이가 나무 아래에서 버럭 소리를 질렀다.

"뭐?"

나, 용수, 성훈, 태섭은 약속이라도 한 듯 한목소리로 소리를 질렀다.

"승진이 그 왕따 자식 말이야!"

슬금슬금 용수가 내려가기 시작했다. 용수가 나무에서

내려가자 끝에 겨우 매달려 있던 태섭이가 힘없이 툭 떨어졌다.

"아까 승진이 하는 것 봤지? 선생님이 김 교수님이랑 말씀 나누신다고 반장이 대신 종례한다면서 말하는 걸!"

슬범이가 종례 시간에 있었던 일을 얘기하자 태섭이가 승진이 흉내를 냈다.

"저…… 주……주말, 휴일…… 화분 가져가기. 해……해리, 영란이, 준기는 걸레……. 청소해, 교……교실 나머지 모두!"

"으악! 답답해 미치겠다. 흉내도 내지 마!"

용수가 머리를 막 흔들었다.

"그 왕따가 아까는 뭐라고 그러는 줄 알아? 나보고 양동이에 물을 떠 오라는 거야. 내가 당번도 아닌데."

슬범이가 어이없다는 듯 이야기를 꺼내자 아이들이 "왜?" 하고 물었다.

"내가 그때 좀 쉬고 있었거든. 그랬더니 그 자식이 노는 사람이 지금 나밖에 없어서 나를 시킨다는 거야. 계속 바닥을 쓸다가 잠깐 쉬었는데! 그래서 내가 너 같은 놈 말은 안 들어! 하라 마라, 시키지 마! 그랬더니……."

"그랬더니?"

성훈이가 물으면서 나무 아래로 내려갔다. 나도 나무 아래로 뛰어내렸다. 그리고 우리는 슬범이 주변에 원을 그리고 머리를 맞댔다.

"자기가 반을 대표하는 반장이니까 자기 말을 따라 달라는 거야. 아까 호곤이 아버지와, 아니 김 교수님과 반 대표랍시고 악수를 하고 나더니 이게 기가 살아 갖고!"

"박슬범, 근데 승진이가 그렇게 긴 얘기를 다 했어? 승진이가 그렇게 긴 얘기를 하려면 시간 꽤나 걸렸겠는데?"

태섭이가 이상하다는 듯 물었다.

"야, 신태섭! 왕따 자식이 그렇게 말을 조리 있게 했겠냐? 띄엄띄엄 말하는 걸 내가 편집하고 수정해서 너희들의 이해를 도운 거지. 걔가 말한 대로 하면, 물 떠 와……. 양……양동이……. 휴, 언제 그대로 다 옮기냐? 숨 막혀 죽게!"

"하긴……."

태섭이가 고개를 끄덕였다.

"그래서 우리가 정치 활동을 좀 해야 한다는 거 아니냐!"

슬범이가 고개를 숙이면서 아이들을 모았다. 중대한 모의라도 하는 양, 아이들은 동그랗게 고개를 모았다.

"유대인이 정치 활동을 못 해서 나라를 잃고 그 수모를 당한 거 아니냐. 우리에게도 정치가 필요해. 승진이 같은 왕따를 우리 반에서 추방해 우리 반의 평화와 평등을 되찾자는 거지!"

슬범이가 제법 강하게 주장했으나 아이들의 반응은 썩 좋지 않았다.

"어떻게 승진이를 추방하냐? 제 발로 전학을 가지 않는 한!"

성훈이가 말했다.

"말이 추방이라는 거지. 반장 행세 못 하게 하고 우리 반에 있는 건지 없는 건지 모르게 기를 팍 죽여 놓으면 되지. 어때? 내 계획 멋지지 않냐?"

슬범이는 기세등등하게 말했다.

"그게 정치는 아니야!"

나는 소리를 버럭 질렀다.

"뭐?"

슬범이가 나를 쳐다보았다.

"그게 정치 활동은 아니라고. 그냥 단지 승진이가 맘에 안 들어서 왕따를 시키는 것뿐이지."

"김호곤! 너 말 잘해라. 우리가 왕따를 시키는 거냐? 걔가 왕따당할 짓을 하는 거지. 그래서 넌 승진이가 반장이 된 것도 모자라 이래라저래라 하는 걸 두고 보겠다는 거야?"

"아니, 그건 아니야……."

무조건 우리 의견이 옳다고 행동으로 옮기는 것은 아빠가 말씀하신 정치와는 다른 듯했다. 그런데 슬범이가 자꾸 정치 활동 어쩌고저쩌고하니까 그 말에 반박했을 뿐이지 승진이가 맘에 들어서 편드는 건 아니었다.

"어쨌든 두고 보자. 승진이의 행동을 더 지켜본 다음, 혼내 줄 때를 기다리는 거야!"

우리는 엉덩이를 탈탈 털고 가방을 멨다. 그리고 헤어져서 각자의 집으로 향했다.

어찌 된 일인지 집으로 돌아가는 발걸음이 가볍지만은 않았다.

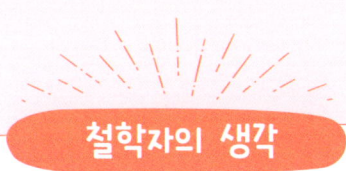

정치, 다름을 바탕으로 함께 살아가는 행위

서로 다름을 존중하기

우리는 친구들과 짓궂게 장난을 치면서도 재미나게 놉니다. 어떤 친구에게 좀 특별한 면이 있는 경우 그 특별한 점을 가지고 놀리면서 재미를 느끼기도 합니다. 승진이처럼 급식판을 싹싹 비워 제일 먼저 가져다 놓는다든지, 말을 더듬는다든지, 장애가 있어 거동이 불편하다든지 하면, 그런 점을 두고 장난을 치면서 즐거워하는 사람들도 있습니다. 그런데 그런 일은 옳지 않아요. 타인을 괴롭히면서 즐거워하는 것을 악취미, 즉 나쁜 취미라고 합니다.

인간은 서로 다른 모습과 생각을 가지고 살아가기 때문에, 자기와 다르다는 이유로 타인을 괴롭히는 것은 분명히 옳지 못한 행동입니다. 우리는 서로 다른 모습을 존중하고 서로 다른 생각에 귀

기울일 줄 알아야 합니다. 한나 아렌트가 말한 정치란 이처럼 다름을 바탕으로 사람들이 함께 살아가는 행위입니다.

인간을 인간답게 살게 하는 정치

아리스토텔레스가 인간은 폴리스적 동물이라고 말한 것을 우리는 '인간은 정치적 동물이다.'라고 해석하기도 하고 '인간은 사회적 동물이다.'라고 해석하기도 합니다. 아렌트는 『인간의 조건』이라는 책에서 이 두 번역 가운데 '인간은 정치적 동물이다.'라는 번역이 아리스토텔레스의 생각을 적절하게 옮긴 것이라고 말합니다. 그리고 인간이 인간답게 살 수 있기 위해서는 정치적 행위가 필수적이라고 합니다.

물질적인 풍요로움을 만끽하고 있는 노예가 있다면, 그 노예는 행복한 생활을 하고 있는 것일까요? 아닐 것입니다. 인간은 물질적인 풍요만으로 만족하고 살 수 있는 존재가 아니기 때문입니다. 행복한 삶을 위해서는 물질적 풍요뿐만 아니라 반드시 자유도 필요합니다. 자유로운 표현은 자신이 가진 다른 모습을 드러내기 위해서 필요한데, 표현을 잘하든 못하든 자꾸 표현해 보면서 발전하게 됩니다. 이것이 아렌트가 말하는 정치의 핵심입니다.

호곤이는 슬범이와 성훈이가 하려는 집단행동이 과연 참된 정치 활동인지 의심하기 시작했습니다. 우리는 자신이 하려는 일이 과연 옳은지 늘 생각하면서 살아야 합니다. 생각이 없으면 참된 정치도 없습니다.

즐거운 독서 퀴즈

1 다음은 앞에서 읽은 내용이 담긴 질문이에요. (   ) 안에 알맞은 답을 써 보세요.

❶ 고대 그리스의 아테네에서는 자유민들이 정치에 직접 참여하는 직접 민주주의를 시행했어요. 이처럼 사람들이 정치에 직접 참여하는 형태의 공간을 가리켜 무엇이라고 하나요? (   )

❷ 폴리스가 정치적 공간이고, 이 공간에 참여해 정치적 활동을 할 때만 인간은 인간다울 수 있다고 말한 철학자는 누구인가요?
(   )

2 다음은 이야기 속에서 호곤이 아버지가 철학적 설명을 한 부분이에요. (   ) 안에 알맞은 답을 써 보세요.

> 사회적 동물이란 말은 사회에서 공동으로 경제적 문제를 해결해 가며 살아간다는 뜻이고, (   )이란 말은 인간답게 살기 위해 정치에 참여함으로써 자기의 독특한 면을 표현하고 공동생활을 추구하며 살아간다는 뜻이지요.

정답

1 ❶ 폴리스 ❷ 아리스토텔레스
2 정치적 동물

3 다음은 이야기 속에 나온 내용이에요. 맞으면 ○, 틀리면 × 표시를 해 보세요.

❶ 반유대주의는 유대인들이 돈이 많고 똑똑해서 사람들로부터 시기를 받았기 때문에 나타났다. (   )

❷ 인간은 정치적 활동을 해야 인간다운 삶을 살 수 있다. (   )

❸ 정치적 공간은 다양한 의견을 제시하고 토론하는 곳이다. (   )

❹ 학급 회의는 정치 활동이 아니다. (   )

❺ 서로 의견이 다르면 좋은 정치 활동을 하기 힘들다. (   )

정답

❶ × ❷ ○ ❸ ○ ❹ × ❺ ×

엄청난 악이 생각 없음이라는
단순한 원인에서 발생할 수 있다.

-한나 아렌트

3

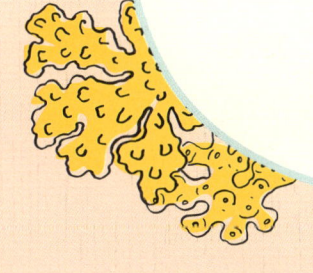

한 사람은 전체를 위하여!

학급 회의가 있는 날!
승진이가 어떤 회의를 이끌어 갈지 정말 궁금하다.
그야 뭐 말더듬이가 뻔하겠지만…….
고분고분 말 잘 듣고 반장 행세 하지 말라고 윽박질러
놨으니 별일이야 없겠지. 김승진, 너!
반장 행세 하면 알지?

한 사람의 희생쯤은 당연해

"하……학급 회의를 시……시작……하겠습니다."

담임 선생님이 승진이를 부르셔서 승진이가 교무실에 다녀왔다. 혹시 우리들이 자기를 괴롭힌다고 선생님에게 일러바친 것은 아닌지 걱정되었다. 태섭이가, 아무래도 승진이 표정이 달라진 것 같다고 했다. 용수도 맞장구를 치면서 선생님도 화가 나신 것 같다고 했다. 우리는 정말 바보 같은 승진이가 상황 파악을 못 하고 선생님에게 고자질을 하지는 않았을까 걱정스러웠지만 슬범이는 승진이가 고자질조차 못할 인간이라고 딱 잘라 말했다. 그러니 걱정하지 말고, 학급 회의 시간에 승진이가 기를 펴지 못하게 각자의 의견이나 똑바로 내세우라고 했다.

"환경…… 그러니까 화……환경 미화 시……심사가 있는데…… 어떻게 해야 할까요?"

승진이가 겨우 안건을 말했다.

답답하다는 듯 조해리가 나섰다.

"아니, 반장! 환경 미화를 뭘 어찌겠다는 건데? 구체적으로 환경 미화에 관한 어떤 안건부터 논의할지 말해야지 다짜고짜 환경 미화 심사를 어떻게 할 거냐고 물으면 어떡해?"

승진이가 우물쭈물하자 담임 선생님이 말씀하셨다.

"회의 시간에는 서로 존댓말을 쓰기로 했었죠? 반장이 말이 좀 느리다고 그렇게 다그치면 못써요. 어떤 방법으로 환경 미화 심사를 치를지 서로 좋은 의견을 내면서 회의하는 게 좋지 않겠어요? 자, 반장! 회의를 계속 진행하세요."

승진이는 고개를 들고 헛기침을 몇 번 했다. 그리고 말을 꺼내려다가 침을 한 번 삼키고 다시 말을 이었다.

"그……그러니까, 환경 미화 심사가 있는데 다……다른 반과 차별된…… 우리…… 우리 반만의 트……특징을 살려서 교실을 꾸몄으면……."

이번에도 말이 끝나기 전에 슬범이가 답답해 죽겠다는 표정으로 자기 가슴을 두세 번 치더니, "우리 반의 특성을 살려 독특한 교실을 꾸미면 좋겠다는 얘기에는 우리 모두가 공감하죠? 그럼 어떻게 꾸밀지 의견을 내는 것이 우선이겠네요. 좋은 의견 있는 사람들은 자유롭게 말하세요." 하고 말했다. 그러고는 선생님을 한번 힐끔 쳐다보았다.

무슨 말씀을 하시려는 듯 선생님의 입술이 살짝 움직였지만, 선생님은 아무 말씀 없이 앉아 계셨다.

"봄도 되고 했으니 커튼을 바꾸면 좋을 듯해요. 지금 걸려 있는 커튼은 때도 많이 탔고 너무 낡은 것 같아요."

미화부장인 영란이가 커튼을 가리키며 말했다.

"커튼도 바꾸면 좋겠지만 새 화분이 더 필요한 것 같아요. 지금 있는 화분들은 모두 시들시들해서 보기 안 좋거든요."

꽃을 좋아하는 신영이가 화분 하나를 집에서 가져오겠다고 했다. 교실 뒤에 '내가 맺고 싶은 열매'라는 이름의 큰 나무 모형 게시판을 만들어 붙이고, 그곳에 반 아이들 각자 열리기 바라는 열매를 매달아 놓자는 의견도 냈다. 자신이 좋아하는 음식이나 물건이건, 장래 희망이건, 되고 싶은 사람이건, 상관없이 자신이 원하는 열매를 맺는 상상의 나무를 만들자고 했다. 이 의견은 모든 아이들의 호응을 얻어 만

장일치로 채택되었다. 대체로 아이들의 의견이 한데 잘 모여 교실을 어떻게 꾸미고 청소할지 쉽게 결정되었다. 그러나 문제는 환경 미화에 쓰일 돈이었다.

"환경 미화를 위해서 학급비를 걷는 것이 가장 좋은 방법일 것 같아요."

우리 반에서 집이 제일 잘사는 준기가 말했다.

지난번에 준기가 생일 파티를 한다고 우리를 집으로 초대했었다. 준기네 집은 우리 동네에서는 흔하지 않은 전원주택이었다. 학교에서 조금 멀긴 했지만 준기네 운전기사 아저씨와 어머니가 오셔서 우리를 차로 데려다주셨다.

2층으로 된 준기네 집에는 수영장이 있고 작은 식물원 같은 곳도 있었다. 준기 방에는 천체 망원경도 있었는데, 세상에! 2층 준기의 방 천장은 유리로 되어 있어 하늘이 그대로 다 보였다.

보통 생일 파티 때 김밥이나 떡볶이, 피자나 치킨을 먹는데, 그날 우리는 준기네 마당에서 바비큐 파티를 했다. 우리가 좋아하는 소시지도 숯불에다 지글지글 구웠다. 준기 어머니는 다 익은 바비큐를 치즈에 돌돌 말아 예쁜 그릇에 하나씩 담아 주셨다. 준기는 한 학기에 한 번밖에 하지 않는 환경미화니까 학급을 위해 회비를 걷는 게 좋겠다고 말했다.

　몇몇 아이들은 좋다고 동의했지만 몇몇 아이들은 부담스럽다고 했다.

　"도……돈이 많이 드는 건, 벼……별로 아……안 좋은 것 같아요. 학급 회……회비를 낼 수 없는 사……사람도 이……있으니까. 돈 들이지 않고 화……환경, 아니 교……교실을 꾸미는 방법이 이……있을 거예요. 의견을……."

　승진이는 머리를 긁적였다.

　"준기가 말한 대로 학급비를 조금씩 걷는 게 더 좋을 듯해요. 어차피 우리 반을 위해서 쓰는 거고, 우리가 생활하는 교실인데 그 정도도 못 하겠어요?"

　반장이었던 주영이는 학급 일이라면 무조건 앞장서서 봉사해야 한다는 투철한 봉사 정신을 가진 아이였다. 준기가 의견을 내놓자 무조건 찬성이라고 했다.

　"꼭 필요해서 학급비를 걷어야 한다면 반대는 하지 않겠지만 돈을 들이지 않고 해결할 수 있는 방법을 먼저 찾아야 한다고 생각해요. 더 사용할 수 있는데도 일부러 새것으로 바꾸려고 한다면 그건 낭비가 아닐까요? 예를 들면 커튼은 빨면 되고, 음……."

신영이가 교실을 둘러보며 말했다.

"낡은 걸 빨아 봤자 얼마나 깨끗해지겠어요? 학급비를 걷기로 했으면 새것으로 바꾸는 게 낫다고 생각해요."

아이들의 의견이 분분했다. 학급비를 걷자는 분위기로 의견이 모아지고 있었지만 어디에 쓸지, 얼마를 걷을지 합의되지 않았다.

"이……일단, 회비를 걷을지 마……말지보다, 어……어디에 쓸지 전에 어……어떤 방법으로 걷……걷을지에 대해서 논……논의해야 한다고 생……생각하는데요?"

승진이는 선생님을 한번 힐끔 쳐다보더니 마른기침을 몇 번 했다. 그러고는 다시 말을 이어 갔다. 말 더듬는 횟수가 줄어든 승진이는 뭔가 다짐이라도 하는 듯 슬며시 주먹을 쥐기도 했다.

"혀……형편이 모두 달라요. 우리 반 아이들은……. 무조건 똑같이 어……얼마씩 걷으면 공평한 것 같지만 공……공평하지 못해요. 왜……왜냐하면, 누……구에게는 5천 원이 적을 수도 있지만 누……누구에겐 5천 원이 아주 귀할 수 있기…… 때문에……."

준기가 벌떡 일어섰다.

"그런 걸 다 따져서 학급 일을 하다 보면 아무것도 못 해요. 그렇다고 형편에 따라서 누구는 내고 누구는 내지 않고 하는 건 말도 안 되고요."

용수도 맞장구를 쳤다.

"맞아요. 학급을 위해서 당연히 그 정도는 희생해야 하는 거 아니에요?"

"저……저는 그……그래서 학급비……를 걷는 방……방법부터 다르게 하면 어떨까 생……생각해 봤어요. 모금함처럼……. 그래요, 모금함처럼 통을 만들고 거……거기에 자기가 낼 수 있는 만큼의 학급비를 너……넣는 거예요. 많이…… 낼 수 있는 사람은 마……많이 넣고 형편이 아……안 되는 사람은 저……적게 내고요."

슬범이가 손사래를 치며 말했다.

"그럼 누가 돈을 많이 내려고 하겠어?"

아이들이 웅성거리기 시작했다.

"너라면 내겠냐? 누가 얼마 냈는지도 모르고, 내건 안 내건 상관도 없다면?"

슬범이가 태섭이를 쿡쿡 찌르며 물었다.

"당근, 안 내지!"

태섭이는 작게 말한다고 했지만 내 귀에 다 들렸다.

"그……그렇다면 워……원래 학……학급비를 걷는 취지와는 그…… 뜻이 달……달라지잖아요. 우……우리 반을 위해서 학급비를 걷는데 이……이름을 밝히지 않고 내면 적……적게 내거나 아니면 내……내지 않을 거라는 생각은 모……모순이에요. 아까부터 우……우리 학급을 위해서 그 정도 희……희생을 해야 한다는 의견이 많았는데, 강……강제적으로 얼……얼마씩 내는 것보다는 자신이 낼 수 있는 만큼, 그……그만큼씩 학……학급을 위해서 자……자발적으로 내는 것이 더 의미…… 의미 있지 않겠어요?"

승진이는 더듬거리긴 했지만 제법 자기주장을 굽히지 않았다. 반장 행세를 톡톡히 하려는 모양이었다. 나는 승진이의 그런 태도가 마음에 들지 않았다.

"반을 이끌어 가다 보면 많은 의견에 부딪치게 되는데 일일이 모든 학생의 의견을 다 만족시킬 수는 없어요. 그래서 반장의 역할이 어려운 거죠. 그만큼 반장은 여러 의견이 부딪치지 않게 잘 조율해 나갈 수 있는 사람이어야 하고요. 반 전체를 위해서라면 소수가 희생하더라도 대다수의 의견을 따라야 해요."

나는 승진이의 눈을 뚫어져라 쳐다보며 말했다. 슬범인지 성훈인지 "옳소!" 하면서 박수까지 쳐 댔다.

"그렇다고 소수의 의견이 무시되면 안 돼죠."

키는 작지만 운동을 제법 잘하는 민석이가 맨 뒷줄에 앉아 혼잣말을 했다. 그러자 앞에 앉은 아이들이 누가 한 말인가 싶어 두리번거렸다.

"소수의 의견을 무시한다기보다 한 사람의 희생으로 반 전체가 잘된다면 그 정도 희생은 감수해야 한다는 거죠."

성훈이가 반박했다.

"저……전체를 위한다는 모……목적에 한……한 사람이라도 희생되는 건 오……옳지 못해요. 더…… 더 좋은 방법을 찾아보지 않고 전체의 목적만을 강……강요한다면 그건 더 나쁜 것 아……아닌가요?"

승진이는 다시 말을 받았다.

"강요하는 게 아니라 옳은 방법이라고 생각하는 거죠!"

준기가 딱 잘라 말했다.

"개인적인 형편이나 생각을 모두 따르자면 회의는 진행되지도 않고 환경 미화도 제대로 할 수 없어요. 학급을 위한 일인데!"

"맞아, 맞아. 오죽하면 정의의 사도 삼총사가 이런 말을 했겠어? 한 사람은 전체를 위하여, 전체는 한 사람을 위하여! 엥? 마지막 말은 빼고! 한 사람은 전체를 위하여!"

태섭이가 구호를 외치자 아이들 모두 교실이 떠나갈 듯이 웃었다.

"일단 이 문제는 미화부장을 중심으로 해결하면 어떨까요? 너무 회의가 길어지고 있어요. 우리가 미화부장을 뽑았으니 미화부장 말을 따라 주는 것도 예의예요."

아이들은 승진이를 다그쳤다.

승진이도 쉽게 물러서지 않을 모양이었다.

"그것도 조……좋은 의견은 아닌…… 아닌 것 같아요. 누가 옳고 누……누가 그르다고 할……할 수는 없어요. 토……토론 과정을 무시하고 미……미화부장의 힘으로 결정되는 것을 무……무조건 따……따르는 것은……."

"그럼 대체 뭘 어떻게 하자는 거야? 이래도 싫다 저래도 싫다, 환경 미화 심사 문제는 어떻게 해결할 거냐고? 빨리 해결될 수 있는 문제를 네가 지금 복잡하게 만들고 있잖아? 반장이 통솔력이라곤 꽝이라니까!"

슬범이가 소리를 지르며 책상을 꽝 쳤다. 갑자기 교실이 소란스러워졌다. 아이들의 표정도 굳어졌다.

"맞아요, 회의가 쓸데없는 논쟁으로 길어지고 있는 것 같아요."

해리가 선생님에게 마무리를 지어 달라는 표정을 지었다.

아이들이 소란스러운 가운데 선생님은 팔짱을 끼고 고개를 숙인 채 무엇인가 한참을 생각하셨다. 소란스럽던 아이들이 선생님의 눈치를 살피며 점점 조용해졌다. 승진이도 할 말을 잃고 우물쭈물 서 있었다.

선생님이 천천히 교단으로 나오셨다.

네 생각은 어때?

우리는 학급 회의를 할 때뿐만 아니라 다양한 일상에서 나와 다른 의견을 가진 친구와 부딪치게 되지요. 그럴 경우 여러분은 어떻게 해야 할까요? ▶풀이는 229쪽에

현자 나탄

"이슬람교도인 술탄이 통치하고 있던 옛날 중동 지역에 나탄이라는 부유한 상인이 있었어요."

승진이를 제자리로 돌려보내신 뒤 선생님은 또 한참 동안 교탁만 쳐다보셨다. 그러다가 뜬금없이 이야기를 꺼내셨다. 아이들은 의아해하며 선생님의 이야기에 주목했다.

"이 상인은 아주 지혜로운 사람이어서 많은 사람의 존경을 받고 있었고, 술탄도 나탄을 존경하며 종종 정치를 위한 충고를 구하기도 했지요. 나탄에게는 딸이 하나 있었어요. 자식이 없어 고아인 여자 아이를 데려다가 딸로 삼았던 거예요. 마침 그곳에는 한 기독교인이 있었는데, 그는 십자군 전쟁에 참전했다가 포로로 잡힌 사람이었어요. 그는 술탄의 자비로 포로에서 풀려났지요. 어느 날 나탄이 장사를 하러 먼 길을 떠났는데, 그사이 집에 불이 났어요. 나탄의 딸이 불에 갇혀 죽게 되자 포로에서 풀려난 기독교인이 불 속에 뛰어들어 구해 주었어요. 이런 용감한 일을 했지만 그는 십자군 전쟁에서 실패한 군인이라는 자신의 처지 때문에, 그리고 목숨을 다해 구해 준 사람이 유대인의 딸이기 때문에 기분이 그리 유쾌하지는 않았어요. 그런데 이상하게도 자신이 구해 준 유대인의 딸이 자꾸 생각나는 거예요."

갑자기 이런 이야기를 꺼내신 선생님을 의아해하던 아이들은 선생님의 이야기 속으로 푹 빠져들었다. 질문하기를 좋아하는 조해리가 말했다.

"어머? 그 기독교인이 유대인의 딸을 사랑하게 되었나요?"

지난번 아빠의 특별 수업 때 기독교인들은 유대인을 차별하고 좋아하지 않는다고 했는데 기독교인과 유대인의 딸이 사랑에 빠졌다고 생각하니 그 뒷이야기가 궁금했다.

"사랑했다기보다는 그냥 자꾸 생각이 나서 사랑에 빠진 건가 생각하며 괴로워하고 있었어요. 한편 나탄은 집으로 돌아와 자신의 딸을 구한 기독교인에게 감사의 마음을 전했지요. 하지만 기독교인은 감사의 마음을 받아들이지 않았어요. 술탄 역시 기독교인의 용감한 행동을 많이 칭찬했지만 그는 술탄의 칭찬도 그리 달갑게 생각하지 않았고요. 그는 자신이 기독교인이라는 종교적 입장에 너무 편협하게 매달려 있었던 것 같아요. 당시는 십자군 전쟁 중이었으니까 기독교인들은 이슬람교도나 유대인을 무척 싫어했던 때라고 할 수 있거든요."

"종교 때문에 자신의 마음을 숨기고 사람들을 멀리하다니 좀 어리석은 것 같아요."

신영이가 안타까운 듯이 말했다.

"그래요. 그래서 이 말을 전해 들은 지혜로운 나탄은 이런 말을 합니다. '여보게, 우리는 반드시 친구가 될 수밖에 없지 않겠나? 자네는 나 같은 유대인을 경멸하고 싶을 테지. 마음껏 경멸해 보게. 하지만 이것을 생각해 보게. 우리 가운데 어느 누가 스스로 자신의 민족을 선택했겠나? 내가 곧 민족인가? 도대체 민족이란 게 무엇인가? 유대인과 기독교인은 인간이기 이전에 유대인이고 기독교인인가? 아랍인과 유럽인은 인간이기 이전부터 아랍인이고 유럽인이었나? 자네가 인간이라는 이름을 기꺼이 감당할 수 있는 한 사람임을 내

가 발견할 수 있다면 얼마나 좋겠는가?' 우리가 종교인이기 이전에, 또 어떤 민족이기 이전에 한 인간이라는 점을 알아야 한다는 말이지요. 우리가 아무리 달라도 인간이라는 점에서는 서로 연결되어 있어서 대화를 나눌 수 있지요. 이것이 바로 우리가 함께 살아갈 수 있는 근거가 되는 거예요."

아이들은 갑자기 조용해졌다. 종교는 다르지만 한 인간으로서 그 근원은 같다는 점, 서로 다른 의견을 내놓지만 우리가 같은 학급 친구라는 점은 명백한 사실이고, 분분했던 의견도 결국은 우리 학급을 위한 것이었다.

"그런데요."

해리가 조심스럽게 말을 꺼냈다.

"그 기독교인은 유대인의 딸과 사랑을 이루게 되나요?"

"아니요, 알고 보니 나탄의 딸은 유대인이 아니었어요. 나탄이 데려다 키운 딸은 사실 그 기독교인과 친남매였지요. 그래서 그렇게 친밀감을 느꼈던 거예요."

아이들의 감탄이 쏟아졌다.

나탄은 어린 고아가 기독교인이건 아니건 인간애로 데려다 키웠다는 생각에 나도 모르게 "아!" 하고 감탄했다.

"학급 회의는 지난번 호곤이 아버님이 특별 수업을 하셨을 때 말씀하셨던 것처럼 정치 활동이라고 말할 수 있어요. 정치는 다양한 의견을 나누는 과정이라고 배웠을 거예요. 그래서 다양한 의견들이 충돌하고 갈등이 일어날 수밖에 없지요. 학급을 위한 일이라고 해서 여러 의견을 획일적으로 통일하고, 다수의 의견을 따르라고 집단의 힘으로 강요해서는 안 돼요. 다양한 의견을 통해 더 좋은 방향으로 결론을 지을 수 있으니까 이런 학급 회의도 의미가 있는 거죠. 아까 누군가, '한 사람은 전체를 위하여'라고 했지요? 개인의 차이와 다양성을 고려하지 않고, 또 사람마다 가지고 있는 다양한 생각을 모두 무시하고 전체만을 생각하도록 강요하는 건 옳지 않아요. 그건 국가의 목적을 실현하기 위해 개인의 다양한 모습을 인정하지 않는 전체주의와도 같아요."

"전체주의요? 그렇게 생각하고 한 말은 아닌데……."

태섭이는 입을 쭉 내밀며 난감해했다.

"물론 태섭이가 전체주의니 뭐니 하는 것들을 생각하고 한 말은 아니라는 걸 잘 알아요. 그러나 조금 전 학급 회의에서는 전체주의의 아주 나쁜 모습들이 보였어요. 히틀러는 국가 권력이 국민에게서 나온다는 사실을 망각하고 전체의 목적을 달성하기 위해 국가 권력을 이용했어요. 급기야 진정한 권력과 폭력을 구분하지 못하고 유대인 대학살을 서슴지 않았죠. 이처럼 전체주의는 잘못된 판단과 결과로 이어질 수 있어요. 한 사람이 전체를 위하여 행동하는 것은, 전체가 한 사람을 위할 때 가능한 거랍니다. 그래서 우리는 사람들이 다양한 의견을 가진 만큼 다양한 환경과 개성을 갖고 있다는 것을 인정해야 해요. 무엇이 반드시 옳다 그르다 할 수는 없어요. 다만, 이것 하나는 기억했으면 좋겠어요. 우리가 아무리 서로 다르다 해도 같은 인간이고 같은 반 학생이며 반드시 친구가 될 수밖에 없다는 사실을요!"

선생님은 아이들의 눈망울을 하나하나 주시하셨다. 몇몇 아이들은 선생님과 눈을 마주치기도 했고, 몇몇 아이들은 고개를 푹 숙인 채 책상만 뚫어져라 쳐다보기도 했다. 나는 나도 모르게 자꾸 승진이를 쳐다보게 되었다. 승진이는 고개를 숙이고 두 손을 꼭 잡고 있었다.

선생님은 아직 끝맺지 못한 학급비 문제를 좀 더 생각해 보자고 하셨다. 여러 의견이 나왔으니 함께 생각해 보고 더 좋은 방법을 찾아보자고 하셨다. 그리고 우리에게 특별 수업을 한 번 더 하는 건 어떻겠냐는 안건을 내놓으셨다.

누군가 수업을 빼먹고 하는 거냐고 물었다. 선생님은 잠

시 생각하더니 그러겠다고 하셨고, 아이들이 환호성을 지르며 좋아했다.

선생님은 덧붙여 우리 아빠의 특별 수업을 제안하셨다. 지난번에 아빠가 "다음에 기회가 된다면……." 하고 말씀하셨던 기억이 났다.

나는 무조건 찬성이었지만 가만히 있었다. 아이들의 의견이 궁금했다. 아이들은 모두 좋아했고, 아빠의 두 번째 특별 수업을 들을 수 있게 되었다. 나는 우쭐해서 어깨를 으쓱거렸다.

네 생각은 어때?

아이들이 학급 회의를 하면서 서로 의견이 부딪치자 반 전체를 위해서라면 한 사람 정도의 희생은 감수해야 한다고 말하기도 했어요. 여러분은 학급이나 다른 모임에서, 전체를 위해서라면 한 사람 정도는 희생할 수 있다고 생각하나요?   ▶풀이는 230쪽에

안 되겠어, 혼내 주자!

"참, 어이가 없다!"

슬범이가 기찻길 철로를 밟다 돌을 힘껏 찼다.

"왜?"

용수가 슬범이의 눈치를 보며 말했다.

"야, 인마. 보고도 모르냐? 왕따 자식 말이야. 내가 그렇게 고분고분 말 잘 듣고 가만히 있으라고 했는데 기어코 일을 터뜨리지 않냐."

"무슨 일? 그래도 승진이가 어떻게 학급 회의를 이끌어 갈까 궁금했는데, 말을 더듬어서 그렇지 내용은 일리가 있던데?"

내가 아무렇지 않은 듯 말하자 슬범이가 내 등을 치며 화를 냈다.

"넌, 너희 아버지가 특별 수업 하신다고 승진이 일은 뒷전인 모양인데, 걔가 오늘 한 행동을 봐라. 용서가 되냐?"

"맞아, 꼬박꼬박 반장 행세를 하려고 들더라?"

용수가 슬범이를 거들었다.

"그 왕따 자식의 행동은 도저히 용서가 안 된다. 첫째, 반장 행세 한답시고 회의를 질질 끈 죄, 둘째, 회비를 걷자고 하면 걷으면 그만이지 모금함이 어쩌고저쩌고하면서 잘난 척한 죄, 셋째, 회의 전에 선생님과 면담을 하는 것 같던데 우리가 자기를 왕따시킨다고 고자질한 죄……. 아무래도 녀석이 고자질한 게 분명해. 그렇지 않고서야 선생님이 현자 나탄 이야기를 꺼내면서 개인을 존중해야 하느니, 우리는 어쨌든 하나라느니 하는 말씀을 하셨겠어? 그리고 무엇보다 그놈이 여전히 우리 반에 존재한다는 죄가 제일 커!"

슬범이는 기찻길 옆에 핀 철쭉꽃을 함부로 툭 꺾었다.

"그렇다고 우리가 뭐 어떻게 할 수 있겠어?"

성훈이가 가방을 앞으로 메며 말했다.

"혼내 주자!"

슬범이가 손에 쥐고 있던 철쭉꽃을 휙 던졌다.

"일단 '거기'로 불러내서 한 대 쥐어박든지, 눈물이 쏙 빠지게 훈계를 하든지, 어쨌든 그놈이 우리한테 불려 오면 겁 좀 먹지 않겠냐?"

태섭이가 얼굴을 일그러뜨렸다.

"그러다가 승진이가 선생님께 또 일러바치면?"

"일러바치면 그땐 그놈을 가만두지 않지! 일단 겁을 먹으면 함부로 행동하지 못하게 되어 있어."

"야! 그건 별로 좋은 방법이 아닌 것 같은데? 승진이가 뭐 특별히 잘못한 건 없잖아. 마음에 들지 않긴 하지만……."

"야, 김호곤! 너 왜 자꾸 그래? 많이 달라졌다. 처음 반장이 되지 못했을 때하고는 딴판이잖아? 넌 마음이 너무 약한 게 흠이야. 우리가 하는 대로 따라오기나 해!"

우리는 '거기'로 가지 않았다. 평소 같으면 '거기'로 가서 별난 아카시아에 누가 빨리 오르나 한판 시합을 했을 텐데, 아이들 모두 그럴 기분이 아닌 것 같았다.

진정한 정치의 힘은
서로에 대한 이해에서 나온다

대화와 토론은 정치 행위의 기본

함께 모이는 회의를 통해 자기 의견을 주장하고 대화하고 토론하는 것은 정치 행위 가운데 가장 기본입니다. 학급 회의는 우리에게 정치 연습을 할 수 있는 좋은 기회입니다. 그런데 자유로운 의견 표명과 바른 의사 진행을 방해하는 요소들도 많습니다. 몇 사람이 전체의 분위기를 주도해 자기들이 원하는 방향으로 이끌어 가면서, 거기에 반대하는 사람을 마치 어리석거나 나쁜 사람으로 몰아가는 것이 그 예입니다. 전체 분위기를 좌우하면서 다른 생각을 가진 사람을 소외시키는 것이지요.

충분한 의사 표현이나 제대로 된 검토 없이 무조건 다수결에 따라 처리해 버리는 것도 문제입니다. 얼핏 보면 투표나 다수결이 매우 민주적인 것처럼 보이지만 이런 방식은 소수의 의견을 철저히 무시할 수도 있습니다. 다수의 의견이 반드시 옳은 것은 아닙니다. 충분한 토론을 거치지 않으면 모두에게 좋은 선택을 발견하기 전에 잘못된 선택을 하기도 하지요.

다른 의견을 말하는 사람을 두고 "바보 아냐?"라고 해서 그 사람의 기분을 상하게 하거나 주위 사람을 선동해 그 사람을 이상한 사람으로 만들어, 결국 다른 의견을 내지 못하는 분위기를 만들어 버리는 것도 잘못입니다. 이런 모든 것이 전체주의적 요소입니다.

우리가 서로 달라도 이해할 수 있는 이유

전체주의는 전체를 위한다는 명분으로 개인을 철저히 희생시키는 사상이나 체제를 말합니다. 전체주의가 국가나 단체의 힘을 최대로 만든다고 생각하기 쉽지만 사실은 그렇지 못합니다. 전체주의를 주도하기 위해서는 공포 분위기가 필요하고, 결국은 공포심 때문에 사람들이 따라가는 것이지, 진정 자발적으로 찬성하는 것이 아니기 때문이지요. 그래서 아렌트는 전체주의 국가가 결국 무너지게 되어 있다고 말했습니다. 이 말을 한 지 30년쯤 지나서 구소련의 전체주의 체제가 무너졌는데, 아렌트가 이를 예견한 것이었지요.

참된 힘은 서로의 생각을 존중하고 경청하고 진지한 대화를 나눈 다음에 만들어진 합의를 통해서만 나온답니다. 우리가 서로 다르지만 서로를 이해할 수 있는 것은, 현자 나탄의 이야기에서처럼 우리 모두는 인간이며 그 점에서 같기 때문이지요. 현자 나탄 이야기는 원래 독일의 극작가 레싱의 희곡에 들어 있는데, 제2차 세계대전이 끝난 뒤 아렌트가 독일에서 했던 연설에서 이 이야기를 언급했습니다. 유대인인 아렌트가 유대인을 박해한 독일인을 향해서 이야기한 것이지요. 결국 진정한 정치의 힘은 서로에 대한 이해에서 나옵니다.

즐거운 독서 퀴즈

1 다음은 현자 나탄의 이야기에서 우리가 배울 점을 정리한 문장이에요. 맞으면 ○, 틀리면 × 표시를 해 보세요.

❶ 종교와 민족이 달라도 우리는 인간이라는 점에서 서로 연결되어 있어서 대화할 수 있다. (   )

❷ 유대인과 기독교인은 같은 인간이지만 종교와 생각이 달라서 함께하기 어렵다. (   )

❸ 우리 모두는 인간이며 그 점에서 같기 때문에 함께 살아갈 수 있다. (   )

정답
❸ ○
❷ ×
❶ ○

2 다음은 선생님이 아이들이 학급 회의를 하는 모습을 본 후 철학적 설명을 한 부분이에요. (　　) 안에 알맞은 낱말을 써 보세요.

학급을 위한 일이라고 해서 여러 의견을 획일적으로 통일하고, 다수의 의견을 따르라고 집단의 힘으로 강요해서는 안 돼요. 다양한 의견을 통해 더 좋은 방향으로 결론을 지을 수 있으니까 이런 학급 회의도 의미가 있는 거죠. 개인의 차이와 다양성을 고려하지 않고, 또 사람마다 가지고 있는 다양한 생각은 모두 무시하고 (❶　　　　　) 만을 생각하도록 강요하는 건 옳지 않아요. 그건 국가의 목적을 실현하기 위해 개인의 다양한 모습을 인정하지 않는 (❷　　　　　)와도 같아요.

정답

❶ 전체
❷ 전체주의

대부분의 악행은 선해지거나 악해지기로 결심한 적이
결코 없는 사람들에 의해 저질러진다.
이것은 슬픈 현실이다.

-한나 아렌트

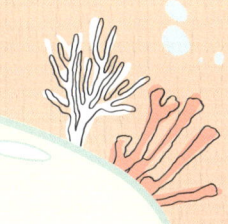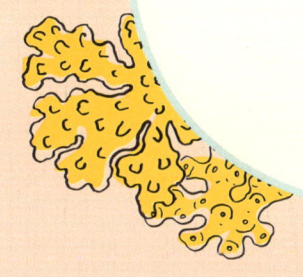

4

결전의 날

승진이를 혼내 주기로 한 바로 그날!
그런데 왜 자꾸 마음이 괴롭지? 승진이는 정말
나쁜 아이일까? 왕따는 정말 나쁜 걸까?
오늘 아빠의 두 번째 특별 수업이 있다.
아빠가 또 수업을 하게 되신 것은 좋지만
어쩐지 벌을 받는 기분이다.

거기로 와!

　승진이는 화장실에서 손을 씻고 있었다. 뭐가 그리 즐거운지 노래를 흥얼거리기도 했다. 승진이는 수도꼭지를 잠그며 잠시 두리번거리더니 손을 탈탈 털며 바지에 쓱 문질러 닦았다.
　"야, 아예 씻지를 마라. 그렇게 닦으면 깨끗해지겠냐? 어차피 더러운 네 바지에 닦을 거라면!"
　슬범이의 말에 뒤를 돌아다본 승진이가 화들짝 놀랐다. 갑작스레 나타난 우리 다섯 명이 당황스러운 눈치였다.
　"왜……애!"
　"뭐가 왜……애?"

"히히, 왜……애! 왜……애?"

용수와 성훈이가 재밌다는 듯 연달아 승진이를 따라 했다.

"넌 대체 말이 안 통하는 놈이야!"

슬범이가 승진이를 노려봤다.

"뭐……가?"

"야, 몇 번을 말해? 좀 나서지 말라고 했잖아! 넌 반장도 뭣도 아니야. 어쩌다 네가 반장이 됐지만 우리는 절대로 인정할 수가 없다고!"

태섭이가 "아이고!" 하면서 가슴을 쳤다.

"긴말 않을 테니까 너 오늘 수업 끝나고 '거기'로 와!"

슬범이는 승진이에게 주먹을 쥐어 보였다.

승진이는 뭔가 말하려고 입술을 옴지락거렸지만 끝내 말로 내뱉지 못했다.

아이들은 모두 교실로 돌아갔다. 한참을 고개를 숙인 채 서 있던 승진이가 깊은 한숨을 내쉬며 교실로 갔다. 나는 뭔가 개운하지가 않았다. 찝찝했다.

나는 거칠게 수도꼭지를 틀었다.

쏴아!

물이 쏟아져 바지 앞자락을 적셨다. 대충 손을 씻고 물을 잠갔다. 바지 앞자락에 튄 물을 손으로 툭툭 털어 냈다.
어쩐지 아까 승진이가 한 행동이 떠올랐다.

 ## 한나 아렌트와 아이히만

"차……차렷! 경례!"

특별 수업이 시작되자 승진이가 인사를 했다. 처음에 조금 머뭇거리긴 했지만 지난번과는 달리 더듬지는 않았다. 게다가 아빠를 보고 씩 웃기까지 했다.

"그사이 반장이 많이 씩씩해졌는데요?"

아빠는 승진이에게 엄지손가락을 들어 보였다.

"다시 초대해 줘서 고마워요. 정치니 철학이니 해서 여러분이 어렵게 생각하면 어떡하나 많이 걱정했는데, 잘 이해해서 다행이에요. 게다가 재미있었나 보지요? 하하하! 제가 대학에서도 인기 있는 교수랍니다."

아빠가 껄껄껄 호탕하게 웃으시자 아이들도 따라 웃었다.

"이번엔 어떤 수업을 할까 고민했는데 지난번에 언급했던 한나 아렌트의 이야기를 계속해 보면 좋을 듯하네요."

"한나 아렌트란 이름은 그때 교수님께 처음 들었어요. 여자인가요?"

제법 상식이 많은 주영이도 한나 아렌트라는 이름에 고개를 갸웃거렸다.

"예, 맞아요. 한나 아렌트는 유명한 여성 정치사상가예요."

"우아! 어떻게 여자가 그 어려운 정치 같은 걸 공부했을까?"

성훈이가 여자라는 말에 놀라워하자 여자 아이들이 일제히 성훈이를 노려보며 여자가 남자보다 더 똑똑하다고 반박했다. 교실이 소란해지자 담임 선생님이 "쉿!" 하며 검지를 입에 갖다 댔다. 아이들이 다시 하나둘씩 잠잠해졌다.

"아렌트는 어린 시절 아버지가 편찮으셔서 할아버지를 따르며 지냈는데, 할아버지와 아버지 모두 일찍 돌아가셔서 어머니와 지내게 되었어요. 독일에서 태어난 아렌트는 대학에서 철학을 공부했고 기독교의 사랑 개념에 대한 글을 썼어요. 그리고 그것을 통해 박사가 되었지요."

"우아! 박사래."

용수도 감탄했다.

"그런데 그 당시 독일에서는 히틀러가 등장하고 나치 정당이 들어서면서 유대인에 대한 박해가 점차 심해지고 있었어요. 유대인이었던 아렌트는 유대인을 위해 활동하는 친구를 도와주다 경찰에 체포되어 며칠 동안 조사를 받게 되죠. 이 일이 있은 후, 아렌트는 독일은 더 이상 살 곳이 못 된다고 판단해 어머니와 함께 프랑스로 몰래 도망을 가요. 그런데 곧이어 독일이 프랑스를 침공하면서 프랑스 내부의 분위기도 달라져요. 프랑스 사람들 역시 독일에서 온 사람들을 적대적으로 대하고, 프랑스에 거주하는 독일계 사람들은 수용소에 수감돼요."

"그럼 아렌트도 수용소로 갔나요? 거기서 죽게 되나요?"

영란이가 끔찍하다는 표정으로 물었다.

"아니요, 수용소에 수감된 채 힘든 나날을 보내다 다행히 다른 수감자들과 함께 서류를 조작해 탈출하고, 이후 스페인으로 건너갔다가 다시 미국으로 가게 되지요."

"유대인들은 오랜 세월 나라 없이 떠돌아다녔다고 하던데 아렌트도 정말 이 나라 저 나라에서 떠돌이 난민 신세였

네요? 그럼, 어려움을 많이 겪었겠는데요?"

"그렇지요. 아렌트는 여성으로서, 유대인으로서, 그리고 미국에서는 국적이 없이 살아가는 난민으로서, 남들과 다르게 많은 수난을 겪게 되지요. 여러분이 흔히 쓰는 말로 왕따인 셈이었으니까요."

나는 왕따라는 말에 뜨끔했다. 그렇지 않아도 아침에 아버지가 선생님 전화를 받으시더니 나를 한참이나 쳐다보셨다. 그러시고는 "학급 친구들과 별문제는 없지?" 하시는 것이었다. 혹시 선생님이 우리가 승진이를 왕따시킨다고 아빠에게 말씀하셨나? 그것 때문에 아빠에게 두 번째 특별 수업을 부탁하셨나?

나는 갑자기 머리가 복잡해지기 시작했다. 나는 승진이처럼 "아……아니요." 하며 말을 더듬을 수밖에 없었다.

아빠가 뭔가 눈치를 채신 것도 같고 아닌 것도 같고……. 여하튼 여느 사람들과 다르다는 이유로 아렌트에게는 불리한 점이 많았으니 요즘 말로 치자면 왕따는 왕따였다.

"혹시 이 반에 왕따는 없지요?"

아이들이 서로를 쳐다보았다. 잠시 웅성거리긴 했지만 곧 잠잠해졌다. 나는 곁눈질로, 슬범이가 승진이를 향해 주

먹을 쥐어 보이는 것을 보았다. 아마도 잠자코 있으라는 뜻 같았다.

"요즘 몇몇 학교에서 왕따 문제가 심각한 것 같더군요. 원래 이런 현상은 일본에서 나타났어요. 생각이 맞지 않거나 좀 바보스럽거나 혹은 너무 잘났거나, 어쨌든 자신들과 다르다는 이유로 사람을 따돌리는 것을 이지메라고 하는데 우리나라 학생들 사이에서도 이와 비슷한 왕따라는 게 생겨난 듯해요."

슬범이가 슬그머니 손을 들며 말했다.

"그런데, 교수님! 왕따를 일부러 시키려고 한 게 아니라 왕따 짓을 하는 애들이 있어서 어쩔 수 없이 그렇게 되는 거 아닌가요? 왕따를 당하는 아이들이 스스로 그러지 않으면 되는데!"

"꼭 그럴까요? 괴롭힘을 당할 만큼 뭔가 잘못된 행동을 하는 것일까요? 잘 생각해 보면 평범한 아이들과 조금 다를 뿐이에요. 왕따가 나쁜 이유는 다름을 인정하지 않기 때문이에요. 나와 다르니까, 나와 어울리지 않으니까 괴롭히는 것이지요. 그 다름은 아주 단순한 것에서부터 비롯되지요. 사투리를 쓰니까, 좀 바보처럼 보이니까, 지저분하니까……. 결국 나와 다르니까 나의 패거리가 특정한 사람을 소외시키는 것이지요."

아이들은 고개를 끄덕이거나 아예 고개를 숙이기도 했다.

"한나 아렌트는 바로 그런 점을 지적했어요. 우리들은 서로가 가지고 있는 다른 모습들을 인정하고 존중해야 해요. 다양한 사람들이 다양한 관심 분야에서 활동하면서 각 분야에서 빛을 발하고, 또 다양한 가치들이 인정받는 사회가 되어야 우리나라가 좋은 나라가 될 수 있는 거 아니겠어요?"

아빠는 아이들의 표정을 살피셨다. 아이들은 마음속으로 깊은 생각을 하는 듯 조용히 아빠의 말씀을 경청했다.

"그래서 한나 아렌트는 전체주의에 대해 연구하기 시작했어요. 전체주의에 대해서는 알고 있나요?"

전체주의라면 지난 학급 회의 시간에 선생님이 잠깐 말씀해 주셨다. 영란이가 손을 들었다.

"예, 전체의 목적을 위해 개인의 다양성을 인정하지 않고 획일화시켜 국가의 목적을 달성하는 것이라고 알고 있어요."

"그래요, 아주 잘 알고 있군요. 전체주의 국가는 국민들의 자유와 다양성을 억압하기 위해 국가 권력을 내세워요. 그런데 아무리 국가의 목적을 달성하기 위해서라고 해도 국민들의 생각을 무시한다면 과연 그 목적이 정당하다고 할 수 있을까요?"

"아니요! 국가의 힘은 국민에게서 나오니까 국민을 무시하고 무조건 국가를 따르라고 하면 안 될 것 같아요."

준기가 흥분한 목소리로 말했다.

"맞아요, 하하하! 그런데 여러분, 전체주의 국가 하면 가장 먼저 떠오르는 나라가 어느 나라지요?"

"히틀러요."

잘난 척하며 용수가 말했다.

아이들이 책상을 치며 웃었다.

"하하하, 히틀러는 나라가 아니니까 독일을 말하는 거군요? 그래요, 독일은 전체주의 국가로 국가 권력을 이용해 유대인을 학살할 계획을 세우고 이를 시행했지요."

"그런데, 교수님! 그러니까 독일의 히틀러가 유대인을 학살한 주범 아니에요?"

용수가 멋쩍은 듯 말했다.

"물론 그렇다고 볼 수 있죠. 그런데 그 당시 많은 사람들이 정권을 잡고 있는 히틀러를 도와 유대인 학살을 실행했어요. 그중에 아이히만이라는 사람이 있었는데, 그는 유대인

학살 전문가로 활동했어요. 상부에서 내려오는 지시를 체계적이고 효과적으로 수행하기 위해 최선의 노력을 다했고, 그래서 자신에게 부여된 임무를 적절하게 잘 수행했지요."

"아무리 그래도 나쁜 일을 저지른 사람에게 임무를 잘 수행했다고 칭찬할 수 있나요?"

주영이가 아빠의 말에 의아하다는 표정을 지었다.

"좋다 나쁘다를 떠나 하급 관리로서 아이히만은 상부의 명령을 충실하게 이행했던 사람이라는 뜻이에요. 물론 좋은 일을 했다는 뜻은 아니고요. 어쨌든 제2차 세계대전이 끝나고 독일이 패망하자 아이히만은 독일을 떠나 아르헨티나로 갔어요. 15년간 숨어 지내다가 결국 비밀 조직에 의해 체포되고 이스라엘에 강제 압송되어 재판을 받게 되었습니다."

"히틀러는 어떻게 됐어요?"

또 용수가 물었다.

"히틀러는 독일이 전쟁에 패배할 즈음에 가족과 함께 자살했어요."

"재판을 받았어야 하는데 그냥 자살해 버리다니! 대체 유대인을 몇 명이나 죽인 거예요?"

태섭이가 안타깝다는 듯 책상을 쳤다.

"여러분 서울의 인구가 얼마인지 아세요?"

아이들은 엄청 많을 거라고 대답할 뿐 그 숫자를 짐작할 수 없었는지 정확히 대답하지 못했다.

"서울의 인구는 1천만 명 가까이 됩니다. 서울은 세계에서도 몇 개 안 되는 대형 도시지요. 서울에 있는 수많은 아파트를 생각해 보세요. 그 안에 살고 있는 엄청난 사람의 수가 상상이나 되나요?"

"얼마 전에 가족들과 함께 서울어린이대공원에 놀러 갔었는데 사람이 얼마나 많은지 밟혀 죽는 줄 알았다니까요!"

가족끼리 자주 여행을 다닌다는 기훈이가 대답했다. 지난 겨울 방학 때 기훈이는 호주에 가서 수영을 했다고 자랑했었다. 호주는 우리나라와 기후가 반대라 한여름이어서 더워 죽는 줄 알았다고도 했었다. 우리는 추위에 덜덜 떨며 기훈이의 자랑을 듣고 있었어야만 했었다.

"그런데 나치가 죽인 유대인의 숫자는 현재 서울 인구의 절반이 넘는 6백만 명 가까이 된다고 해요. 보통 초등학교 학생 수를 2천 명이라 생각하고 계산한다면 약 3천 개 학교의 학생 수에 해당되죠."

아이들이 입을 쩍 벌리며 놀랐다. 많은 유대인들이 학살당했다고 생각했어도 그렇게 많은 사람들이 죽었는지는 상상도 못 했다.

"그런데, 교수님! 그렇게 많은 사람들을 어떻게 다 죽였지요? 반항도 하지 않았나요?"

해리가 도저히 이해되지 않는다는 듯 물었다.

"물론 일부는 저항하기도 했어요. 그러나 유대인들에게는 자신들을 정치적으로 대변할 대표부가 존재하지 않았어요. 유대인 위원회라는 것이 있어서 자치적인 모임을 갖기는 했지만 전혀 정치적 행동을 하지 않으려고 했지요. 유대인이 정치를 하지 못했다는 이야기는 지난 시간에 했었죠? 유대인 중에서도 일부만 저항했고, 대부분은 사태가 그렇

네 생각은 어때?

한나 아렌트는 여성으로서, 유대인으로서, 난민으로서 살아가면서 남들과 달라서 많은 어려움을 겪었어요. 승진이도 남과 다르다는 이유로 왕따를 당하고 있고요. 여러분은 '나와 다르다.'는 것에 대해 어떻게 생각하나요?   ▶ 풀이는 230쪽에

게까지 발전하리라곤 생각하질 못했던 거예요."

"그래도 그 많은 사람들을 어떻게 다 죽일 수가 있었는지 상상이 가지 않아요."

해리가 덧붙였다.

"정말 놀랍죠? 그렇게 많은 사람들을 죽이려니 얼마나 철저한 계획을 세웠어야 했겠어요? 그러한 계획과 체계적인 일 처리를 담당했던 사람이 바로 아까 말했던 아이히만이에요."

악이 평범한 곳에서 나온다고?

"아이히만은 정말 괴물 같은 인간이에요?"

말이 없던 민석이도 한마디 거들었다.

"정신병자가 아니고서야 어떻게 그런 일을 저지를 수 있겠어요?"

아이들이 다시 웅성거리기 시작했다.

"그래요. 아주 괴물 같은 사람일 거예요. 여러분이 상상하는 것처럼 그 당시 사람들도 아이히만이 아주 괴팍하고 괴물 같고 잔인한 사람일 거라고 생각했어요. 아렌트 역시 아이히만이 악마 같은 사람일 거라고 생각했으니까요."

"그럼, 아니었단 말씀이세요?"

주영이가 발끈했다.

"아렌트는 아이히만의 재판을 지켜보게 되었는데 놀랍게도 그는 흉악하게 생기지도 않았고 오히려 약하고 온순하게 생긴 사람이었어요. 여러 증언에 따르면 예의도 바르고, 또 집에서는 아주 가정적인 평범한 가장의 모습이었다는 거예요."

"세상에! 그런 사람이 양심도 없나? 아무리 상부의 지시라고 해도 그런 엄청난 일을 저지르다니!"

주영이는 혼잣말인지 질문인지 모르게 말했다.

"그렇지 않아도 자신은 직장인으로서 충실했다고 믿는 아이히만에게 검사는 '당신은 양심의 소리도 들리지 않았는가?' 하고 물었대요. 그랬더니 아이히만은 이렇게 대답했답니다. '만일 내가 나에게 주어진 일을 성실하게 수행하지 않았다면 오히려 양심의 가책을 받았을 것이다.'라고요."

영란이가 저도 모르게 벌떡 일어났다 앉았다.

"아무래도 정신이 이상한 것 같아요. 그런 엄청난 일을 저질러 놓고 임무를 충실히 수행했다니요?"

"그래서 정신과 의사들이 아이히만의 정신 상태를 점검해 보았어요. 그런데 정신과 의사 여섯 명이 그를 진단한 결과는 모두 정상이었다는 거예요. 그중 한 의사는 '적어도 그 사람을 진찰한 후의 내 상태보다도 더 정상이다.'라고 말했다고 해요. 아이히만이 그런 범죄를 저지른 사람이니까 아주 비정상적일 것이라고 생각했었는데 막상 진찰해 보니 아주 정상적이어서, 그 사실을 알고 나니 오히려 자신이 미쳐 버릴 지경이었다는 거죠."

아빠도 믿을 수 없다는 듯 말씀하셨다.

"뿐만 아니라 아이히만의 아내와 아이들, 그의 어머니와 아버지, 형제자매 그리고 친구들에 대한 그의 모든 정신적 견해가 정상일 뿐만 아니라 바람직하기까지 했다고 해요. 게다가 그는 매우 긍정적인 사고를 가지고 있었다고 합니다."

나는 어리둥절했다. 그렇게 성실하고 긍정적인 사람이 대체 무슨 생각으로 그런 엄청난 일을 저질렀는지 알 수가 없었다. 나는 슬그머니 손을 들었다.

"그렇다면 무엇이 문제여서 그런 일을 저지르고도 죄책감이 없었을까요? 자기가 한 일이 무엇인지 깊이 생각해 보았다면 그런 짓을 저지르지 않았을 것 같은데요?"

"호곤이도 그렇게 생각해요? 저도 그렇게 생각하고 아렌트도 그렇게 생각했어요. 그러니까 아이히만이 가진 가장 큰 문제는 자기가 하는 일의 의미를 전혀 생각해 보지 않았다는 것이지요."

인간은 생각하는 동물이다. 그런데 어떻게 생각을 안 할 수가 있지? 나는 더 어리둥절했다.

"네? 어떻게 그게 가능해요? 생각을 안 하다니요? 자기가 하는 일의 의미를 전혀 생각하지 않고 어떻게 일을 할 수 있어요? 저절로 많은 생각이 들지 않았을까요?"

"아주 좋은 지적이에요. 유대인 학살을 계획하고 이를 효과적으로 집행하려면 많은 생각을 해야 하지요. 그러나 아이히만은 단지 이 생각만 했을 거예요. '얼마나 효과적으로 일을 집행할 것인가!'에 대해서만요. 자기가 하는 일의 의미는 생각하지 않았던 것 같아요."

성훈이가 가슴을 치며 말했다.

"아이고, 답답해 죽겠네! 그러니까 그게 어떻게 가능한지 이해되지 않아요."

"아이히만의 문제는 자기가 해야 할 일에는 충실했지만 자기가 하는 일의 진정한 의미가 무엇인지는 생각하지 않았다는 데 있어요. 아까 말했듯이 전체주의 국가였던 나치 독일은 개인이 깊이 생각에 잠겨서 독자적으로 판단하고 행동하지 못하도록 사회 분위기를 만들었어요. 어쨌든 국가의 목적을 달성하기 위해 개인의 생각 같은 건 중요하지 않았으니까요."

아이들은 "전체주의는 나빠요! 말도 안 돼!" 하면서 왁자지껄 떠들었다. 선생님은 다시 한번 검지를 입술에 대고 웃으셨다.

"이런 아이히만에 대해서 아렌트는 '무사유' '생각 없음'이라고 말했어요. 아이히만이 그런 흉악한 일들을 저지를 수 있었던 이유는 생각하지 않았기 때문이라는 것이지요. 그럼에도 불구하고 악은 악일 수밖에 없어요. 이처럼 커다란 악의 원인이 아주 평범한 개인에게서 나올 수 있기 때문에 '악의 평범성'이라는 표현을 써요."

"악이 평범한 곳에서 나올 수 있다니 놀라워요!"

노래를 잘하는 지혜가 말했다.

"꼭 그렇지만도 않아요. 자, 생각해 보세요. 우리 주변을 둘러보면 그런 예가 많을 거예요. 예를 들어 기업에서 능률적 생산을 위해 분업을 시행하면 개인은 전체를 보지 못하고 자신에게 주어진 아주 작은 부분에만 충실해질 수 있어요. 그렇게 되면 자기가 열심히 하고 있는 일이 결국 어떤 일에 어떻게 도움이 되는지 생각하기란 쉽지 않죠. 그러면 열심히 일한 결과가 공해를 일으켜서 우리의 생활 환경을 파괴한다거나 또는 사회악을 키우는 결과를 낳게 될 수도 있어요."

"맞아요. 우리 엄마가 그러시는데요. 우리가 좋아하는 과자에는 트랜스 지방이 많아서 우리의 건강을 해치고 우리를 뚱보로 만든대요. 그런데 과자를 만드는 사람들은 나쁜지 잘 모르잖아요."

과자를 유난히 좋아해서 뚱땡이라는 별명을 가진 진호가 말하자 아이들이 웃었다.

"그래요, 그런 예도 있네요. 그래서 우리는 우리가 하는 일의 의미를 생각하며 생활해야 해요. 또한 개인의 다양성을 인정하고 함께 어울려 살아가야 해요. 서로 다른 사람들이지만 함께 뜻을 모아 행동하는 것, 그것이 바로 한나 아렌트가 말한 진정한 의미에서의 정치 활동일 거예요."

"그런데 여러 사람의 뜻을 모으는 일이 그렇게 쉽지만은 않은 것 같아요. 학급 회의 때만 해도 자꾸 의견이 충돌해서 회의가 길어지거든요."

슬범이가 머리를 긁적였다.

"그러니까 모두의 노력이 필요한 거예요. 함께 뜻을 모을 수 있는 분위기도 만들어 나가야 하고요. 지난 월드컵 경기 때 시청 앞 광장에 사람들이 모여 함께 응원하는 모습을 보았죠?"

"예! 아주 신났어요. 마치 축제 같았어요."

기훈이가 말했다. 기훈이가 어딘들 안 갔겠나?

"거리에서 응원도 하고 골이 터질 때는 서로 모르는 사람끼리도 얼싸안고 막 좋아했어요."

태섭이도 신난 듯 말했다.

"그래요. 그곳에 모인 사람들은 누가 시켜서 나온 것이 아니라 자발적으로 모여서 응원을 한 것이지요. 그러니까 신이 나고 마음도 잘 맞고 응원하는 힘도 생겼던 거예요. 그런데 오래전에 두 명의 여자 중학생이 미군의 장갑차에 깔려 죽은 사건이 있었던 것도 알고 있나요?"

아이들은 잠시 잠잠해졌다. 그런 일도 있었나 하는 표정이었다.

"그 사건은 월드컵이 열리고 있던 때라 별로 주목받지 못했다가 나중에 알려지면서 전국적으로 촛불 시위가 일어났었죠. 그런데 이 촛불 시위의 분위기가 어땠을 것 같아요?"

"아주아주 슬펐겠지요. 시민을 지켜야 할 군대의 장갑차

에 희생되었으니 화도 나고요."

뻔하다는 듯 해리가 말했다.

"맞아요, 두 학생을 위해 분향하고 추모하는 것은 분명 슬프고도 화나는 일이었어요. 그 자리에는 수만 명의 사람들이 모여들었죠. 누가 시켜서가 아니라 자발적으로 모인 사람들이었죠. 수만 명의 촛불 시위대에는 여러분과 같은 어린 학생들도 있었고, 아기를 유모차에 태우고 나온 젊은 엄마도 있었고, 머리에 하얗게 서리가 앉은 노인들도 있었어요. 크게 분노할 만했지만 시위대는 아주 평화롭게 자신들의 의사를 분명히 밝혔지요. 오히려 축제처럼 밝은 분위기였어요."

"촛불 시위가 축제 같았다고요? 말도 안 돼요."

준기가 말했다.

"그래요, 축제 같은 분위기였어요. 뿐만 아니라 대통령 탄핵 사건이 있었을 때에도 촛불 시위의 분위기는 밝았어요. 물론 대통령의 잘못에 대해 분노한 사람들이 거리로 쏟아져 나왔지요."

"그런데 어떻게 그렇게 많은 사람들이 자발적으로 함께 모일 수 있었을까요?"

준기가 말했다.

"자신의 옳은 생각을 당당하게 말하겠다는 의지를 가지고, 그런 의지를 자발적인 행동으로 옮기는 데서 시작되지요. 그렇게 함께 모인 사람들은 서로 친화력을 느끼게 되는데, 이것은 함께 뜻을 모아 행동했을 때 자연적으로 발생하는 독특한 감정이에요. 이런 행동을 한나 아렌트는 '콘서트 행동'이라고 했어요."

"오케스트라가 연주하거나 가수들이 노래하는 것 말이에요?"

해리는 바이올린 켜는 흉내를 내며 말했다.

"맞아요. 오케스트라가 연주할 때 서로 다른 악기들이 각자의 소리를 내지만 그것이 한데 어우러져 아름다운 음악을 만드는 것처럼 서로 다른 생각과 생활 배경을 가진 사람들이 모여 함께 행동할 때 사회가 변화하고 세계도 변화한다는 것이지요."

"저는 지난번에 부모님과 갯벌 체험을 갔었는데요, 그곳에도 서로 모르는 사람들이 많이 모였어요. 갯벌을 밟고 조개를 캐면서 우리 갯벌을 소중하게 만들어야겠다고 생각했어요. 갯벌 속에 무수한 생명들이 살고 있고 그 생명들이 바

다를 지킨다는 것을 알게 됐으니까요. 그런데 사람들이 개발을 한답시고 자꾸 갯벌을 망가뜨린대요. 그때 그곳에서 만났던 사람들은 갯벌 체험이 끝난 뒤 함께 모여 한목소리로 '갯벌을 살려주세요, 갯벌을 사랑합시다.' 하고 구호를 외쳤는데 그럼 그것도 콘서트 행동이라고 할 수 있나요?"

여행 이야기를 꺼낸 사람은 역시나 이번에도 기훈이었다.

"그럼요! 아주 소중한 체험을 했군요. 오늘날 환경 단체에서 벌이는 시민운동은 한나 아렌트가 말한 콘서트 행동의 대표적인 예라고 볼 수 있어요. 같은 뜻을 가진 사람들이 자발적으로 모여 함께 힘을 모아 더 아름다운 사회 환경을 만들기 위해 노력하는 것, 그런 활동을 하는 것 말이에요. 시민 단체에서 활동하는 사람들은 적은 보수를 받으며 힘든 길을 걸어가고 있지만 보람을 느끼며 살고 있지요. 이런 활동이 한나 아렌트가 말한 진정한 의미에서의 정치 활동입니다. 그러니까 정치는 정치가들에 의해 국회에서만 이루어지는 것이 아니라 우리의 일상생활에서도 얼마든지 이루어지는 것이지요."

"정리하자면 한나 아렌트가 말한 진정한 정치 활동은 개인이 가지고 있는 다양성을 인정하고, 모든 사람이 행복할 수 있는 환경을 만들도록 여러 사람이 자발적으로 함께 힘을 모아 행동하는 것이라고 할 수 있겠네요?"

역시나 새 학기 첫 반장이었던 주영이가 똑 부러지게 설명했다.

아이들이 "우아!" 감탄하면서 박수를 쳤다.

"그럼 우리도 정치를 잘해야겠네요?"

영란이가 웃으며 말했다.

네 생각은 어때?

❶ 한나 아렌트는 예루살렘에서 열린 전범 재판에서 아이히만을 보고 크게 충격을 받았어요. 유대인 학살이라는 잔혹한 짓을 저지른 사람이라면 분명 악마같이 생겼을 거라고 생각했는데, 아이히만은 오히려 약하고 온순하게 생긴 사람이었기 때문이에요. 평범하게 생긴 사람이 어떻게 그렇게 커다란 악을 저지를 수 있었을까요?

❷ 아이히만은 사기가 하는 일의 의미를 생각하지 않았기 때문에 유대인 학살을 저지를 수 있었다고 해요. 그렇다면 생각이란 무엇인가요? 여러분의 생활에서 생각이 가장 필요한 때는 언제이며, 여러분이 보기에 이 사회에서 생각이 가장 필요한 때는 언제인가요?

▶ 풀이는 231, 232쪽에

"그럼요. 여러분들이 서로의 의견을 존중하고 뜻을 모아 함께 행동하면서 더 좋은 학급을 만들기 위해 노력한다면, 그것이 바로 진정한 정치 활동이지요."

아빠는 흐뭇하게 웃으셨다.

"에헴! 그럼 오늘부터 본격적으로 정치 한번 해 볼까?"

마치 자기가 정치가가 된 양, 폼을 잡는 준기를 향해 아이들이 "우우" 야유를 보냈다.

결전의 날! 아, 괴롭다

 아빠의 두 번째 특별 수업 역시 성공적이었다.

 내가 아빠의 수업이 성공적이라고 말한 데는 두 가지 이유가 있다.

 첫째, 반 아이들이 재미있게 경청했고 학급 분위기가 한껏 밝아졌다.

 둘째, 내 마음이 변했다. 바로 승진이에 대한 마음이다. 승진이는 말도 느리고 지저분하고 우리와 어울리지 못했던 것도 사실이다. 그러나 그건 아까 아빠가 말씀하신 대로 개인은 모두 서로 다를 뿐 무엇을 잘못했다든가 옳지 못하다든가 하는 문제는 아니었다. 다만 내가 그리고 우리들이 다름을 인정하지 못했을 뿐이다. 만약 잘못하고 옳지 못한 사람이 있었다면, 다름을 인정하지 못하고 승진이를 따돌렸던 바로 나 자신이었다.

슬범이는 화장실 청소 당번이라며 조금 있다 '거기'에서 보자고 하더니 양동이를 들고 나가 버렸다. 용수, 태섭, 성훈이도 이따 '거기'에서 보자면서 각자 가방을 메고 나가 버렸다.

승진이를 혼내 주기로 한 결전의 날이 바로 오늘!

나는 왠지 '거기'로 나가면 안 되겠다고 생각했다. 없었던 일로 하자고 말하고 싶었지만 입이 떨어지지 않았다. 어느 누구도 먼저 그만두자는 말을 하지 않았다.

나는 어쩔 수 없이 '거기'로 향했다.

일부러 차지 않았는데도, 자꾸만 돌멩이가 발길에 차였다. 나는 돌멩이를 발끝으로 톡톡 건드리며 기찻길을 걸었다. 발길에 차이는 돌멩이가 자꾸 목구멍으로 넘어와 가슴에 차곡차곡 쌓이는 것처럼 답답했다.

내가 먼저 말해야겠어! 승진이는 그냥 우리랑 다를 뿐이라고, 승진이를 괴롭히는 짓 따위는 이제 그만두자고…….

그런데 어떻게 말을 꺼내야 할까? 반장이 되지 못해 억울하고 화난 나를 위로한답시고 아이들이 승진이를 따돌린 건데……. 나 때문에 그런 건데!

아, 괴롭다!

나는 '거기'로 가서 별난 아카시아에 올랐다. 해가 지려는 듯 노을이 붉게 물들었다. 아니, 여러 가지 색깔로 물들었다. 하물며 노을도 저렇게 각기 다른 색깔이 서로 어울리면서 하늘을 아름답게 물들이는데…….

그때 용수와 태섭이가 걸어왔다.

"호곤아, 나 있잖아. 오늘 엄마가 일찍 오라고 하셔서 얼른 집에 가 봐야 할 것 같아. 아마 중요한 심부름을 시키실 모양이야."

용수가 기어들어 가는 목소리로 나무 위에 앉아 있는 나를 향해 말했다.

"나도, 엄마가 일찍 오라셔."

태섭이도 옆에서 개미 기어가는 소리를 냈다.

"그래? 그럼 얼른 가 봐……."

나는 막 뛰어가는 용수와 태섭이의 뒷모습을 보며 제발 승진이가 나타나지 않기를 바랐다.

혹시 승진이가 나타날까 봐 목을 길게 빼고 기찻길 쪽을

바라보는데 멀리서 성훈이가 뛰어오고 있었다. 나를 보더니 손을 흔들며 소리를 질렀다.

"호곤아! 미안해. 나 지금 급하게 학원 가야 하거든? 어제도 빠져서 오늘은 꼭 가야 해! 그러니까 나 먼저 간다!"

성훈이는 손을 흔들며 돌아섰다. 뭐라 대꾸할 새도 없이 성훈이는 제 말만 하고 또 뛰기 시작했다. 나는 멍하니 성훈이의 뒷모습만 쳐다볼 수밖에 없었다. 그런데 갑자기 성훈이가 다시 내 쪽을 향해 돌아섰다.

"그리고 슬범이는 화장실 청소를 하고 있는데, 속이 안 좋아서 그냥 집에 가서 쉰대!"

그러고는 다시 돌아서서 뛰기 시작했다. 성훈이의 모습이 금세 사라져 버렸다.

나는 한숨이 절로 나왔다. 아이들은 오늘 이곳에 나오지 않는다. 그럼 승진이는? 승진이는 '거기'로 나오라고 한 우리의 말을 기억하고 이곳으로 나올까? 슬범이가 주먹다짐까지 했으니 나올 게 분명했다. 어쩌면 겁을 먹고 나오지 않을 수도 있겠지? 담임 선생님에게 이 사실을 알렸을까?

머리가 뒤죽박죽이었다. 나는 세차게 머리를 흔들고 멀리 내다보았다. 승진이의 모습은 보이지 않았다.

나는 얼른 나무 위에서 내려와 집을 향해 뛰었다. 제발 뒤늦게 온 승진이에게 내 뒷모습을 들키지 않기를 간절히 바라면서!

네 생각은 어때?

호곤이 아버지는 서로 의견을 존중하고 뜻을 모아 함께 행동하면서 더 좋은 학급을 만들기 위해 노력하는 것도 정치 활동이라고 했어요. 여러분이 당장 시작할 수 있는 정치 활동은 무엇이며, 어떻게 해 나가면 좋을까요? 또 가장 하고 싶은 정치 활동은 무엇이며, 왜 그렇게 생각하나요?

▶풀이는 233쪽에

철학자의 생각

자신이 하는 일의 의미를 깊이 생각하기

악의 평범성

악한 일은 악한 계획 속에서 나오지만, 사실 그런 악한 계획은 자기가 하는 일의 의미를 깊이 생각하지 못한 데서 나옵니다. '생각 없음' 즉, '무사유'가 유대인 학살에 큰 책임이 있는 아이히만의 참된 문제점이었습니다.

아이히만은 나치의 한 관료로서 히틀러와 힘러의 지시를 받아, 유대인을 어떻게 하면 가장 효과적으로 학살할 수 있을지 생각해 냈던 사람입니다. 조직을 효율적으로 만들고, 유대인들을 각자가 살던 집에서 나와 게토로 옮기게 하고, 또 이들을 게토에서 집단 수용소로, 그리고 마지막에는 죽음의 수용소로 옮겨 죽게 만들었지요. 독일이 패망하자 그는 아르헨티나로 도망가서 숨어 살았어요. 그러나 나중에 이스라엘 비밀경찰에게 체포되어 1960년에 이스라엘로 잡혀 와 1961년에 재판을 받게 됩니다.

아렌트는 이 소식을 듣고 모든 일을 멈추고 이스라엘로 가서 재판에 참관했습니다. 그리고 재판 과정을 기록하여 참관기를 남겼는데 그것이 바로 유명한 『예루살렘의 아이히만』이라는 책입니다. 이 책에서 아렌트는 아이히만의 평범함에 놀라고, 또 그가 자행한 악행들이 그 평범함에 기초하고 있다는 사실을 깨달았다고 합니다. 이후 '악의 평범성'이라는 말이 유행하게 되었습니다. 이 말은 바쁘게 살아가는 현대인들이 자신이 하고 있는 일의 의미를 생각하지 못하는 데서 커다란 악이 나올 수 있다는 점을 지적하는 경우에 사용됩니다.

생각한다는 것

여기서 말하는 '생각'이란 수학 문제를 풀거나 시험공부를 하면서 열심히 암기하는 능력을 말하는 것이 아닙니다. 생각이란 어떤 일의 의미를 알려고 하고, 그래서 그 일의 전후 과정과 파급 효과, 또 그 일이 옳은지 그른지, 내가 그 일을 하면 다른 사람은 어떤 고통을 당할지 등을 머릿속에서 그려 보는 것이지요.

그러니 공부를 잘한다고 생각을 잘하는 것이 아니고, 공부를 못한다고 생각을 못하는 것이 아닙니다. 생각을 잘할 때 우리는 올바르게 살 수 있게 되고, 생각을 잘할 때 우리는 '우리가 모르는 사이에 저지를 수 있는 실수'를 하지 않게 됩니다. 우리 사회의 문제는 공부 못하는 사람들이 많아서 발생하는 것이 아니지요. 생각하는 사람이 많을 때 우리 사회는 제대로 된 사회가 될 것입니다.

　나와 다른 의견도 생각하면서 들어 보면 잘 이해할 수 있고, 또 대화를 하다 보면 서로 다른 사람들이 같은 행동을 할 수도 있습니다. 콘서트 행동은 이런 생각을 하는 사람들이 서로를 이해하고 옳은 일을 이루기 위해 함께 나선 것을 말합니다. 여기에 진정한 힘이 있고, 이러한 힘을 바탕으로 사회가 변화하면서 바른 모습을 갖게 됩니다. 그러니 우리는 내가 하는 일에 대해서만이 아니라, 우리 주위에서 일어나는 일에 대해서도 관심을 갖고 생각할 수 있어야 합니다.

즐거운 독서 퀴즈

1 다음 글에서 설명하는 단어는 무엇일까요? (   )

> 한나 아렌트는 아이히만이 '무사유' '생각 없음' 때문에 유대인 학살이라는 흉악한 일을 저질렀다고 했어요. 자기가 하는 일의 의미를 생각하지 않았다는 거죠. 아이히만의 경우처럼 커다란 악이 아주 평범한 개인에게서 나올 수 있다는 뜻을 지닌 말은 무엇일까요?

❶ 악의 특별성   ❷ 악의 특이성
❸ 악의 완전성   ❹ 악의 평범성

정답

2 다음 중 악의 평범성에 해당되지 않는 사례는 무엇일까요?
(   )

❶ 월드컵 경기 때 자발적으로 모여서 응원하는 것
❷ 평범한 개인인 아이히만이 유대인 학살이라는 흉악한 일을 저지른 것
❸ 기업이 능률적 생산을 위해 분업을 시행할 때 개인이 전체를 보지 못하고 자기 일에만 충실하다 결국 생활 환경을 파괴하게 되는 것
❹ 과자를 만드는 사람들이 나쁜지 모르고 트랜스 지방이 많은 과자를 만들어서 결국 우리의 건강을 해치고 우리를 뚱보로 만드는 것

정답

❶ 월드컵 경기 때 자발적으로 모여서 응원하는 것

3 다음 글에서 설명하는 단어는 무엇일까요? (   )

- 자신의 옳은 생각을 당당하게 말하겠다는 의지, 그런 의지를 자발적인 행동으로 옮기는 것에서 시작돼요.
- 함께 모인 사람들은 서로 친화력을 갖게 되는데, 이는 함께 뜻을 모아 행동했을 때 자연적으로 발생하는 독특한 감정이에요.
- 오케스트라가 연주할 때 소리가 서로 다른 악기들이 한데 어우러져 아름다운 음악을 만드는 것처럼 서로 다른 생각과 생활 배경을 가진 사람들이 모여 함께 행동할 때 사회가 변화해요.

❶ 연극 행동   ❷ 음악 행동   ❸ 콘서트 행동   ❹ 미술 행동

4 다음 중 콘서트 행동에 해당되지 않는 사례는 무엇일까요?
(　　)

❶ 월드컵 경기 때 자발적으로 모여서 응원하는 것
❷ 미군의 장갑차에 깔려 죽은 두 명의 여자 중학생을 위해 분향하고 추모하려고 촛불 시위를 벌인 것
❸ 마을에 장애인 시설이 들어온다고 하자 사람들이 집값이 떨어질까 봐 걱정하며 함께 반대하는 것
❹ 갯벌 체험을 갔다가 그곳에서 만난 사람들과 함께 갯벌을 사랑하자는 구호를 외친 것

정답

❸ 마을에 장애인 시설이 들어온다고 한 사람들이 집값이 떨어질까 봐 걱정하며 함께 반대하는 것

정치적 전체주의가 생각 없는 모든 사람들의
산물이었듯이 우리 시대의 기술적 전체주의도
현대인들이 아무런 생각도 하지 않고
아무런 행위도 하지 않기 때문에 발생한다.
— 한나 아렌트

5 두부와 패랭이꽃

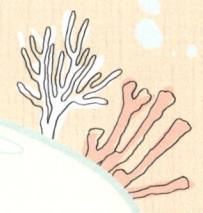

약속을 지키지 못했다고 다시 '거기'서 만나자는 승진이.
그런데 가야 할지 말아야 할지 고민이다.
어쨌든 나는 약속을 지켜야겠지? 나는 승진이에게
꼭 해야 할 말이 있으니까. 아직도 하지 못한 말…….
승진아, 미안해! 그런데 왜 말이 되어 나오지 않고
자꾸 입에서만 맴돌까?

다시 결전의 날!

우리들은 서로 슬금슬금 눈치만 보고 있었다. 누구도 먼저 어제 일에 대한 얘기를 꺼내지 않았다.

점심시간이 되어서도 우리는 아무런 말 없이 밥만 먹었다. 나는 왠지 입맛이 없어 밥을 거의 먹지 못했지만, 급식판을 놓으러 가지도 못했다. 급식판을 두고 나오는 승진이와 마주칠까 봐 승진이가 먼저 나가기를 기다리고 있었다. 언제나 그랬듯이 승진이가 다 비운 급식판을 제일 먼저 놓고 교실 밖으로 나가자, 나 역시 반 이상 남긴 급식판을 놓고 운동장으로 나갔다.

농구 골대 옆에 앉아 있는데 아이들이 몰려왔다. 아이들은 누구도 농구를 하자는 말 없이 그냥 서로 눈치만 보고 있었다.

"있잖아…….'"

나는 겨우 입을 뗐다. 아이들이 기다렸다는 듯이 나를 쳐다보았다.

"나도 어제 승진이를 못 만났어."

용수가 "휴!" 하고 안도의 한숨을 내쉬며 말했다.

"나만 안 나간 게 아니었구나?"

이번엔 슬범이였다.

"그럼 우리들 중에 어제 승진이를 만난 사람이 아무도 없단 말이야?"

놀란 토끼 눈을 한 태섭이가 말했다.

"있잖아, 그래서 말인데…….'"

나는 결단을 내려야 할 것만 같았다. 어차피 승진이 왕따 사건은 나 때문에 벌어졌으니까 내가 먼저 없었던 일로 하자고, 우리가 잘못한 것 같다고, 승진이에게 사과는 못 하더라도 앞으로 괴롭히는 일 따윈 하지 말자고 말해야 할 것만 같았다.

그런데 강력 접착제가 붙었는지 입이 떨어지지 않았다.

"뭐가?"

아이들이 동시에 나를 쳐다보았다. 입을 떼지 못하고 머뭇거리고 있는 나를 아이들은 동그래진 눈으로 빤히 쳐다보고 있었다. 어쩐지 아이들이 내가 하려는 말을 이미 다 알고 있는 것 같았다. 어서 말을 해! 말을 꺼내기만 하면 모두들 고개를 주억거리며 그러자고 할 것만 같았다. 그런데 왜 그 말이 머릿속에서만 맴돌고 입 밖으로 나오지 않는 거지?

나는 일단 머리를 세차게 흔들고 크게 숨을 들이마셨다. 그런데 그때였다.

"저…… 얘들아!"

누군가의 목소리가 들렸다. 어? 이상하다? 나는 아무 말도 하지 않았는데?

아이들이 모두 뒤를 돌아보았다. 나도 소리 나는 쪽을 쳐다보았다. 그곳엔 승진이가 머리를 긁적이며 서 있었다.

나는 나도 모르게 한 발짝 뒤로 물러섰다. 아이들도 승진이를 보자 어깨를 움츠렸다.

"얘……얘들아, 미……미안……해. 어……어제는 선생님께서 잠깐 오라고 하……하셔서 갔었는데 서……선생님과 얘기하다 보니 좀 느……늦었어. 그……그래서 막 빠……빨리 뛰어갔는데 너……너희들이 엄……없었어. 미……미안해! 너무 느……늦게 갔나 봐…….”

더듬는 데다 느리기까지 한 승진이의 말을 우리들 중 그 어느 누구도 잘라먹지 않고 끝까지 들었다. 그리고 잠시 또 침묵.

"화…… 화 많이 났니? 미……미안해.”

"괘……괜찮아…….”

성훈이가 겨우 대답했는데 승진이처럼 말을 더듬었다.

"오……오늘 다시 거……거기로 갈게. 저……정말 느……늦지 않을 거야. 야……약속할게.”

아니야! 오지 않아도 된단 말이야!

나는 또 속으로만 외쳤다. 그때 수업을 알리는 종소리가 들렸다. 승진이가 교실을 향해 뛰어갔다. 우리는 종소리를 듣고도 그 자리에서 꼼짝도 않고 앉아 있었다. 교실로 뛰어가던 승진이가 뒤를 돌아보며 소리쳤다.

"야……약속 꼭 지킬게!”

우리는 천천히 일어나 게으르고 늙은 개처럼 엉덩이에 묻은 흙을 느릿느릿 흔들어 털었다.

제발 나오지 마!

'거기'로 가지 말까? 가지 않으면 승진이를 혼내 줄 생각이 없다는 뜻일 테니까! 그곳에 가지 않는다면 나는 이제 승진이를 왕따시키는 일 따윈 하지 않겠다는 뜻을 알리는 거니까!

나는 기찻길을 걷는 내내 갈까 말까 수없이 생각했으나 답이 나오지 않았다. 아카시아 잎을 따서 그 수를 세어 가며 갈까 말까를 점쳐 보았으나 매번 달랐다.

그곳에 가지 않는다면, 아이들은 나보고 배신자라고 할 것이다. 네가 벌여 놓은 일에서 혼자만 슬그머니 빠졌다고 슬범이가 한 대 칠지도 모른다. 간다면…… 승진이를 어떻게 대해야 할까? 반장으로 인정할 수 없으니 나서지 말라고, 넌 왕따라고, 그렇게 괴롭혀야 하는 것일까? 안 된다. 절대 그래서는 안 된다.

나는 나도 모르게 거기를 향해 걷고 있었다. 거기를 향해 걷고 있긴 했으나 마음은 자꾸만 집 쪽을 향해 달리고 있었다.

맞아! 아이들이 나오지 않을 수도 있어.

갑자기 그런 생각이 든 건 점심시간 때 본 아이들의 표정 때문이었다. 말을 하지 않아서 그렇지 아이들 모두 뭔가 후회하는 눈치였다. 어쩌면 어제도 일부러 핑계를 대고 나오지 않은 것일 수도 있다.

'그래, 우리와 조금 다르다는 건 나쁜 것이 아니니까!'

아이들도 모두 마음속으로 깨달은 것이 있어서 일부러 나오지 않았는지도 모른다. 그래서 오늘도 나오지 않을지도 몰라. 먼저 그만두자는 말을 하지 못한 게 정말 잘못이었다고 느꼈기 때문에 부끄러워서 그런 것이 분명했다. 누군가 먼저 속마음을 털어놓는다면 줄줄이 자기 속마음을 내보일 텐데, 잘못을 시인하거나 사과하는 데 서툰 우리들은 어느 누구도 먼저 말하지 못했던 것이었다.

그렇다면? 아이들이 거기에 오지 않는다면? 나도 가지 않으면 그만이었다.

나는 집 쪽으로 방향을 틀었다. 어쩐지 발걸음이 점점 빨라졌다.

그럼, 승진이는?

사실 어제도 우리는 모두 거기로 나가지 않았다. 약속을 지키지 않았다면 우리가 지키지 않은 것이지 승진이가 지키지 않은 것은 아니다. 승진이는 늦었지만 분명 거기에 왔었고, 우리는 기다리지 않은 게 아니라 처음부터 그 자리에 없었던 거였다.

우리가 어떤 이유로 자기를 불렀는지도 모르는 승진이는 어제 자신이 늦어서 약속이 깨진 줄로만 알고 오늘 다시 만나자고 먼저 말한 것이다.

오늘도 거기에 가지 않는다면 승진이는 하염없이 우리를 기다릴지도 모른다. 그리고 다음 날 학교에 와서 그 약속에 대한 이야기를 다시 할지도 모른다. 그때도 우리가 먼저 사과하지 않는다면 자신의 잘못인 줄 알고 또다시 약속을 할지도 모른다.

그래, 무조건 거기에 나가지 않고 상황을 피하려는 건 옳지 못해!

아이들이 오지 않는다고 해도 나는 '거기'로 가야만 했다. 나는 다시 발길을 돌렸다. 거기에 오지 않는다면 아이들은 이제 승진이를 괴롭힐 마음이 없다는 자기 의사를 밝힌 것이나 마찬가지다.

그러나 나는 다르다. 나는 그곳에 가야만 한다. 승진이와 약속했기 때문이 아니라, 승진이가 기다리기 때문이 아니라, 바로 승진이에게 진심으로 사과하기 위해서 그곳에 가야만 한다.

잘못을 알고 있으면서 그것을 말하지 않는 것은 비겁한 짓이다. 적어도 나 때문에 시작된 일이니까 내가 마무리를 지어야 한다.

나는 시계를 보았다. '거기'에서 만나기로 한 시간이 훨씬 지났다. 나는 '거기'를 향해 뛰기 시작했다.

노을이 아름다운 이유

 별난 아카시아가 조금씩 보이기 시작하면서 나는 속도를 줄여 걸었다. 급하게 뛰어오는 모습까지 들키고 싶지는 않았기 때문이다. 그곳에서 승진이는 혼자 별난 아카시아를 올려다보고 있었다.
 "스……승진아?"
 아이고, 왜 자꾸 말을 더듬는지 모르겠다.
 승진이가 뒤를 돌아보았다. 그러고는 주변을 살폈다.
 "다……다른 애들은?"
 "응, 모두 바쁜 일이 있어서 오지 못한대. 그래서 내가 대표로 나온 거야. 일찍 왔니?"

나는 빨리 사과를 해야 한다고 생각하면서도 자꾸 말을 돌렸다.

"으응, 어제는 야……약속을 못 지켜서, 오늘은 빠……빨리 나오려고 막 뛰……뛰었어."

승진이는 씩 웃어 보였다.

나는 가슴이 뛰기 시작했다. 뛰는 가슴을 진정시키느라 별난 아카시아를 올려다보며 깊게 숨을 내쉬었다.

"승진아, 우리…… 말이야! 저 나무에 올라가 볼래?"

"아……안 그래도 오……올라가 보고 시……싶었는데 어……어떻게 올라가야 할지 모……몰라서 쳐……쳐다만 보고 있었어."

승진이도 별난 아카시아를 올려다보았다.

"자, 내가 하는 대로 해 봐."

나는 일단 두 나무 사이에서 양다리를 벌려 걸치고 나무 갈래를 잡고 올라갔다. 그리고 굵고 튼튼한 나뭇가지를 꽉 잡고 그네를 타듯이 두 다리를 흔들면서 몸을 끌어당겨 그 위에 턱 걸터앉았다.

"우아! 머……멋지다!"

승진이가 박수를 쳤다. 내가 한번 해 보라고 하자 승진이는 고개를 설레설레 젓더니 무슨 용기에서인지 나무 타기를 시도했다. 승진이는 양발을 걸치기도 전에 자꾸 나무에서 미끄러졌다. 나는 나무에서 내려와 승진이가 나무에 양발을 딛고 올라가 나뭇가지를 움켜잡도록 도와준 다음 엉덩이를 밀어 올려 주었다. 승진이가 주춤하는가 싶더니 나무 위에 올라탔다. 나도 따라 올라탔다.

"있잖아…… 승진아."
"으응."
"저기, 노을 좀 봐!"
승진이는 내가 가리키는 곳을 쳐다보았다.
노을은 마치 하늘을 도화지 삼아 마블링 무늬를 찍어 놓은 것처럼 보였다.

"난, 몰랐어. 그냥 사람들이 노을이 붉다고 해서 노을은 붉은 줄로만 알았지. 내가 봤을 때도 붉은색으로 보였고. 그런데 어느 날 보니까 노을에는 붉은색만 있는 것이 아니었어. 푸른색도 흰색도 보라색도 회색도…… 참 많은 색깔들로 이루어져 있더라. 그 여러 가지 색깔들이 서로 자기 색깔만을 드러내는 것이 아니라 한데 어우러져 아름다운 빛깔로 빛나고 있었어. 난 왜 그동안 그걸 몰랐는지……."

승진이가 나를 보며 빙그레 웃었다.

나도 슬그머니 미소를 지었다.

"나…… 너한테 꼭 할 말이 있어."

나는 반드시 승진이에게 먼저 사과를 해야 한다고 이를 꽉 깨물었다.

"나……나도 할 말이 있어."

승진이는 두 손을 비비며 잠시 머뭇거렸다.

"내……내가 바……반장이 된 이유를 아……알아. 서…… 선생님이 처음에 날 반장 시……시켜 주셨을 때, 막 울었어. 왜냐하면 내……내가 바……바보 같고 마……말도 잘 못하……니까. 또 친구들이 나 와……왕따시키니까 선…… 선생님께서 그러지 마……말라고 시켜 주신 거잖아. 결국 서……선생님도 나……나를 보……보통 아이들과 다르다고 생각하신 거니까. 근데, 이제 알아. 나……나 이제 친구들과 어……어울릴 자신 있어. 마……말도 계……계속하면 잘할 거고. 너……너희 아버지께서 마……말씀하신 것처럼 조금 다를 뿐 나……나쁜 건 아니니까. 저……정말 너희 아버지는 머……멋지셔!"

승진이는 나에게 엄지손가락을 들어 보였다.

"나……나 어제서야 우리 부……부모님께 바……반장 됐다고 말씀드렸어. 우……우리 엄마가 무척 조……좋아하셨어. 그리고 우리 아……아빠가 오늘 치……친구들 집으로 데……데리고 오라고 하셨어. 내……내가 좋아하는 사……삼겹살 해 주신다고. 그래서 너……너희들 만나면 우리 집에 초……초대하려고 했는데……. 그래도 나에게 머……먼저 말 걸어 주는 애들은 너……너희들뿐이었어."

우리는 승진이에게 다정하게 말을 걸었던 것이 아니라 시비를 걸었던 것이었다.

그런데도 승진이는 자신에게 말을 건넨 사람들이 우리뿐이었다며 집으로 초대할 생각까지 한 것이다! 나는 승진이에게 미안하다는 말을 하려고 했던 건데 더 미안해져서 차마 말을 꺼낼 수가 없었다.

승진이가 나무에서 내려올 땐 제법 잘 내려왔다.

나는 아직 할 말도 꺼내지 못했는데 승진이는 내 손을 잡아끌고 자기 집으로 가자고 했다. 피자나 치킨도 아닌 삼겹살을 반장 턱으로 내겠다는 승진이의 얼굴은 아주 천진난만했다.

나는 승진이 손에 이끌려 승진이의 집으로 갔다.

승진이는 한 번도 친구를 집에 데려온 적이 없다고 했다. "하긴 반장이 된 것도 처음이긴 해." 하면서 겸연쩍게 머리를 긁적였다.

네 생각은 어때?

여러분 주변에도 승진이처럼 왕따를 당해서 상처 입은 친구가 있을 거예요. 그런 친구를 위해 여러분이 해 줄 수 있는 일이 무엇이라고 생각하나요? 그리고 왕따를 시킨 친구들에게 여러분이 해 줄 수 있는 말은 무엇인가요? ▶풀이는 233쪽에

세상에서 가장
맛있는 두부

　승진이네 집은 다가구 주택이었다. 준기처럼 전원주택에 사는 부잣집 아들이 아닌 다음에야, 대부분의 아이들은 아파트에 살았다. 조금 넓거나 좁은 평수에 살거나, 혹은 높거나 낮은 층에 사는 정도의 차이만 있었다. 몇몇은 승진이처럼 다가구 주택에 살기도 했다. 승진이네는 다가구 주택의 반지하에 살고 있었다. 승진이는 계단을 반쯤 내려가더니 초인종을 누르지 않고 열쇠로 문을 열었다. 문을 열자 이상한 냄새가 코를 옅게 감쌌다. 오래된 옷장에서 나는 냄새 같기도 했고, 메주나 간장을 달인 냄새 같기도 했고, 똥 냄새 같기도 했다.

"스승……지……니…….”

내가 신발을 막 벗으려던 참에 누군가의 말소리가 희미하게 들렸다. 누군가 집에 있는 것 같아 순간 몸이 조금 움츠러들었다. 그런데 왜 승진이는 초인종을 누르지 않고 열쇠로 문을 열었을까?

"어……엄마!"

먼저 신발을 벗은 승진이가 안으로 들어가며 외쳤다. 나도 승진이를 따라 들어갔다. 그리고 나는 승진이 뒤에 서서 한 발자국도 움직이지 못했다. 왜냐하면 승진이의 어머니를 보았기 때문이다. 나는 인사도 하지 못한 채 멍하니 서 있었다. 승진이 어머니는 침대 위에서 몸부림을 치고 계셨다. 적어도 내가 보기엔…….

승진이 어머니는 장애인이었다. 그것도 중증 장애인이었다. 승진이가 다섯 살 때 교통사고를 당하셨는데 그때 수술이 잘못돼서 장애인이 되셨다고 했다. 승진이 어머니는 말씀하실 때마다 사지가 뒤틀리고 온몸에 힘이 들어가 몹시 힘겨워 보이셨다. 입가에는 계속 침이 흘렀고 웃는지 우는지 구분되지 않는 입 모양으로 입을 쩍 벌리고 계셨다. 혼자 힘으로는 아무것도 할 수가 없어 외출할 때는 휠체어에 의지하고 집에서는 거의 침대에만 누워 계신다고 했다.

　승진이는 가방을 벗자마자 어머니에게 다가가 인사를 하더니 기저귀를 갈아 드렸다. 대소변을 가리지 못해 아기처럼 기저귀를 사용하고 있으시다고 했다. 나는 승진이에게서 나던 냄새가 무엇인지 알 것 같았다. 승진이는 씻지 않은 게 아니라 어머니의 변 냄새가 짙게 배서 냄새가 났다는 걸 알게 되었다. 그리고 말을 잘하지 못하시는 어머니와 대화하면서 자연히 말이 느려지고 단답형이 될 수밖에 없었다는 걸 알게 되었다.

　나는 승진이가 어머니를 보살필 동안 잠시 집 안을 살펴보았다. 살림은 아주 단출했다. 꼭 필요한 물건들만 제자리에 있었다.

　승진이가 손을 씻고 막 나오려는데 초인종이 울렸다. 승진이 아버지였다.

　"와! 우리 집에 아주 귀한 손님이 오셨네?"

　승진이 아버지는 왜소한 체구였지만 목소리는 참 맑고 선명했다.

　"아, 안녕하세요?"

　나는 또 더듬으며 인사를 했다.

"아……아빠, 사……삼겹살은?"

승진이는 초대한 손님을 접대할 삼겹살을 찾느라 아버지의 양손을 이리저리 살폈다. 그러고는 아버지가 가져온 두 개의 검은 비닐봉지를 뒤졌다.

"어? 이……이게 뭐……뭐예요?"

승진이는 실망한 눈빛이었다.

"앗, 미안하다. 승진아!"

승진이가 펼친 검은 봉지에는 삼겹살 대신 두부와 작은 패랭이꽃 화분이 들어 있었다.

"사……삼겹살은요? 내……내가 제일 조……좋아하는 건데……."

"미안하구나. 어제 네가 반장이 되었다는 얘기를 듣고 친구들까지 오라고 해 놓고는 약속을 못 지켜서 정말 미안해."

승진이 아버지는 싹싹 비는 흉내를 내다가 승진이에게 간지럼을 태우면서 계속 미안하다고 하셨다. 승진이도 마음이 풀렸는지 웃었다.

"그런데 왜 사……삼겹살은 안 사오셨어요?"

"그게 말이야, 내가 삼겹살을 사려고 정육점으로 가는데

그 옆 화원 앞에 이 예쁜 패랭이꽃이 있지 않겠니? 이 꽃이 봄이 한창이라고 말해 주는 것 같더라. 아빠는 일에 바빠 봄이 온 줄도, 세상이 얼마나 아름다운 줄도 모르고 지냈는데, 저 작은 패랭이꽃이 봄이 한창이라는 걸 알려 줬지 뭐니? 그러고 나서 생각해 보니 방 안에만 계신 엄마는 바깥세상에 나갈 수 없으니 봄이 왔는지 여름이 왔는지도 모르시잖아? 그래서 엄마에게 봄을 보여 주고 싶었어."

승진이 아버지는 어머니를 쳐다보며 미소를 지으셨다.

"괘……괜차……안……아. 쓰을……데……어……없이…… 도……오온……."

승진이 어머니는 아버지와 눈이 마주치자 힘겹게 몸을 비틀며 말씀하셨다.

"아니야, 난 당신 생각과 좀 달라. 승진아, 엄마는 쓸데없이 돈을 썼다고 야단이시구나. 그런데 아빠는 꼭 필요한 데 돈을 썼다고 생각해. 물론 승진이 친구가 놀러 왔고 약속한 것도 있으니까 승진이가 좋아하는 삼겹살을 사 와야 했지만 아빠는 이 소중한 돈을 좀 더 의미 있게 써야 한다고 생각했어."

승진이 아버지는 아주 적은 월급을 받는다고 하셨다. 그런데도 일이 많아 늦게 들어오거나 못 들어올 때도 많다고 하셨다. 원래 승진이 아버지는 큰 회사에서 능력을 인정받는 유망한 사원이었는데 승진이 어머니가 교통사고로 장애인이 되고 나서 새로운 것을 알게 되었다고 하셨다. 장애인들이 이 세상에서 살아가기가 너무 힘들구나, 이 세상이 바뀌지 않으면 승진이 어머니와 같은 수많은 사람들이 사람 대접도 받지 못하고 살겠구나 생각하고 장애인의 권익을 보호하는 시민 단체에서 활동하게 되었다고 하셨다. 처음엔 직장도 다니고 시민 단체 활동도 했지만, 사회적 부나 명예보다 본인에게 더 가치 있다고 생각되는 일을 하며 사는 삶이 더 보람되다는 걸 깨닫고, 지금은 아주 적은 월급을 받으며 시민 단체의 일만 한다고 하셨다.

"나는 내가 가장 자유롭게, 그리고 고유한 내 모습을 드러내며 할 수 있는 일을 찾은 거란다. 그런 일을 통해 나뿐만 아니라 남을 돌아보게 되었고, 모두가 함께 잘 사는 사회를 만들기 위해 일하는 것이 참 가치가 있구나 생각하고 있단다. 물론 아들에게 삼겹살도 사 주지 못하는 가난한 아빠지만 말이야!"

승진이 아버지는 껄껄 웃으며 머리를 긁적이셨다.

돈을 귀하게 여기고 의미 있게 쓰는 일, 밥알 한 알갱이도 그것을 정성 들여 가꾼 사람들의 노고를 생각하며 먹는 일을 승진이 아버지는 항상 강조한다고 하셨다.

나는 승진이가 항상 식판을 깨끗이 비우는 이유를 알 것 같았다.

"만약 아빠가 삼겹살을 사 왔다면 우리는 맛있고 배부르게 먹었을 거야. 그 아까운 돈으로, 이 먹을 수도 없는 패랭이꽃이 뭐가 그리 대단해서 그랬냐고 하겠지만, 여기에는 또 다른 가치가 숨어 있단다. 아빠는 이 패랭이꽃을 엄마에게 선물할 생각에 무척 설레었단다. 그래서 이걸 들고 오는 내내 마음이 즐거웠지. 엄마가 이 꽃을 보면 세상에 봄이 온 것을 알고 상큼한 기분을 느끼겠지? 그리고 우리 승진이는 이 화분에 물을 주면서 생명을 키우는 기쁨을 얻게 될 거야. 이것은 비록 우리를 배부르게 할 수는 없지만 더 큰 가치를 안겨 준단다."

절로 고개가 끄덕여졌다. 승진이 아버지가 우리 아빠 대신 특별 수업을 하셨어도 참 좋았을 거라는 생각이 들었다. 우리가 생각하는 물질적 가치보다 더 소중한 가치를 깨닫게 해 주셨을 테니까!

"삼겹살 대신 두부를 사 왔단다. 두부에 얼마나 좋은 단백질이 많은 줄 아니? 맛도 참 고소하고. 호곤아, 비록 삼겹살은 아니지만 아저씨가 해 주는 두부 요리 맛있게 먹어 줄래?"

승진이 아버지는 승진이 어머니의 침대 머리맡에 패랭이꽃 화분을 올려놓으셨다. 승진이 어머니는 웃는지 우는지 모를 표정이었지만 분명 활짝 웃고 계신 듯했다.

승진이 아버지는 김이 모락모락 나는 하얀 두부와 향이 진한 달래 간장을 내오셨다. 나는 콩을 싫어해서 평소에 두부를 잘 먹지 않았지만, 오늘은 세상에서 제일 맛있는 두부를 먹었다. 우리는 마지막 남은 두부 한 조각을 서로 먹겠다고 젓가락 싸움을 했다. 승진이 아버지가 재빨리 낚아채 승진이 어머니의 입 안에 쏙 넣어 주셨다. 승진이 어머니는 힘겨워 보였지만 아주 맛있게 드셨다.

나는 승진이네 집을 나서며 마음속에 담아 두었던 말을 꺼내야 한다고 다짐 또 다짐했다. 이젠 머뭇거리지 않고 미안하다고 진심으로 사과하리라 마음먹었다.

계단까지 배웅을 나온 승진이에게 나는 천천히 말을 꺼냈다.

"승진아, 할…… 말이 있어."

승진이는 어둠 속에서 내 손을 꼭 잡았다.

"아……아까 말했잖아. 나……난 이미 드……들었는걸?"

나는 나도 모르게 승진이의 손을 더 꼭 쥐었다.

네 생각은 어때?

승진이 아버지는 장애인의 권익을 보호하는 시민 단체에서 일하세요. 사회적 부나 명예보다도 자신에게 더 가치 있다고 생각되는 일을 하며 사는 삶이 더 보람되다고 느끼셨기 때문이에요. 여러분은 어떻게 사는 삶이 보람되다고 생각하나요? 어른이 되면 보람된 삶을 살아가기 위해서 어떤 일을 하고 싶나요?

▶풀이는 234쪽에

그 뒤, 여전히 승진이는 왕따냐고?

6월 반장은 선생님의 지목이 아닌 아이들의 투표로 결정되었다. 다시 설레는 마음으로 투표가 시작되었고 반장은 다름 아닌…… 나, 김호곤!

아빠가 특별 수업을 하시고 난 다음에 반장으로 뽑힌 것이라 어째 좀 찝찝하긴 해도 어쨌든 기분은 최고!

우리 박선해 선생님은 독재자가 아니라 나탄처럼 현명한 분이다.

담임 선생님은 처음부터 다 알고 계셨다. 승진이가 우리 반 왕따라는 사실을! 그런데 우리들을 불러 혼내거나 나쁜 짓이라고 야단치지도 않으셨다. 우리 스스로 잘못을 깨달고 문제를 해결해 나가도록 도와주셨다. 뿐만 아니라 반장 선거와 특별 수업을 통해 더 많은 것을 알게 해 주셨다. 선생님 덕분에 우리는 마음이 부쩍 커서 어른이 된 것 같았다. 나는 진짜 어른이 되면 꼭 우리 선생님 같은 여자와 결혼하고 싶다.

우리 반 왕따 승진이는 어떻게 됐냐고?

승진이는 예전보다 말이 빨라졌을 뿐 아니라 많아지기까지 했다.

이제 우리들은 점심시간마다 누가 먼저 밥을 빨리 먹나 내기한다. 급식판을 먼저 갖다 놓겠다는 아이들로 쨍그랑 덜커덕 급식판이 수난 시대를 맞았다. 급식을 빨리 먹고 남는 점심시간에는 농구를 하러 운동장으로 나간다. 편을 나눌 때마다 슬범이와 나는 항상 싸운다. 왜냐하면 서로 승진이 편을 하려고 들기 때문이다. 승진이는 발이 빠르고 슛 감각이 좋아서 아주 인기가 많다.

그런데 왜 농구를 그렇게 열심히 하느냐고? 농구를 하면 키가 쑥쑥 큰다는 사실을 아직도 모르시나? 키가 빨리 커서 어른이 돼야 우리 담임 선생님 같은 예쁜 아내를 만나지!

철학자의 생각

정치적 존재로서 바람직하게 살아가기

정치는 우리 삶과 연결되어 있다

호곤이가 이해하게 된 정치란 국회의원이나 대통령이 하는 일만 의미하지 않습니다. 정치란 우리의 삶과 밀접하게 연결되어 있고, 또 우리가 일상생활 속에서 항상 경험하고 있는 것입니다. 그래서 생활 정치라는 말을 쓰기도 합니다. 나의 생각을 알리려고 노력할 때, 다른 사람들의 생각을 경청할 때, 의견의 차이를 대화로 해결할 때, 자신이 속한 모임이 어떤 식으로 공동의 관심사를 풀어 갈 것인가 고민할 때, 내가 어떤 행위를 할 때, 이것을 다른 사람이 어떻게 생각할까 돌아볼 때, 우리는 사실상 정치적 동물로서의 삶을 살아가고 있는 것입니다.

인간은 정치적 동물이다

모든 일을 획일적으로 해결하려고 할 때, 소수의 의견을 무시하고 다수의 의견만을 고집할 때, 내가 항상 옳고 내 의견만이 진리라고 주장할 때, 아무 생각 없이 행동하고 남이 받는 고통을 전혀 고려하지 않을 때, 우리는 정치와 반대되는 일을 하고 있는 것입니다.

그런데 현실의 정치 세계에서는 정치와 반대되는 일을 하면서 그것이 정치라고 믿는 경우가 많습니다. 집단 행위가 정치 행위라고 믿거나, 또는 내가 원하는 목적을 얻기 위해 수단과 방법을 가리지 않는 일이 정치 행위라고 믿는 경우도 많습니다.

우리 사회가 경제적 가치만을 최고로 알고, 돈만 많이 벌면 최고라는 생각에 빠져 있는 것도 역시 바른 정치와 반대되는 길로 나아가고 있다는 증거입니다. 사회에서 중요하게 생각하는 가치가 경제적 가치만으로 획일화되어 있기 때문입니다. 최고급 레스토랑의 음식을 먹으며 느끼는 행복만이 아니라 두부를 먹으면서도 패랭이꽃을 사는 마음의 행복도 인정받을 수 있을 때 사람들이 진정 다양한 가치를 갖고 살 수 있을 것입니다. 사회에서 다양한 가치가 인정받고, 사람들이 서로의 다름을 인정하면서 어울리며 살아갈 때, 우리는 정치적 존재로서 바람직하게 살게 될 것입니다.

즐거운 독서 퀴즈

1 다음 중 우리가 정치적 동물로서 삶을 살아가는 행위에 해당되는 말에 모두 동그라미 해 보세요.

❶ 모든 일을 획일적으로 해결하려고 할 때
❷ 나의 생각을 알리려고 노력할 때
❸ 다른 사람들의 생각을 경청할 때
❹ 의견 차이가 발생하는 곳에서 대화로 해결하려고 노력할 때
❺ 내가 항상 옳고 내 의견만이 진리라고 주장할 때
❻ 자신이 속한 모임이 어떤 식으로 공동의 관심사를 풀어 갈 것인가를 고민할 때
❼ 내가 어떤 행위를 할 때
❽ 나의 행위를 다른 사람이 어떻게 생각할까 돌아볼 때
❾ 아무 생각 없이 행동하고 남이 받는 고통을 전혀 고려하지 않을 때

정답: ❷❸❹❻❼❽

2 다음 중 정치와 반대되는 행위에 해당되는 말에 모두 동그라미 해 보세요.

❶ 모든 일을 획일적으로 해결하려고 할 때
❷ 소수의 의견을 무시하고 다수의 의견만 고집할 때
❸ 다른 사람들의 생각을 경청할 때
❹ 내가 항상 옳고 내 의견만이 진리라고 주장할 때
❺ 자신이 속한 모임이 어떤 식으로 공동의 관심사를 풀어 갈 것인가를 고민할 때
❻ 아무 생각 없이 행동하고 남이 받는 고통을 전혀 고려하지 않을 때
❼ 나의 행위를 다른 사람이 어떻게 생각할까 돌아볼 때
❽ 내가 원하는 목적을 얻기 위해 수단과 방법을 가리지 않을 때

정답

❽❻❹❷❶

네 생각은 어때? 문제 풀이

54p

　많은 유대인들이 나치에 의해 학살되었습니다. 우리나라도 비슷한 경험을 했는데, 바로 일제 식민지하에 있을 때입니다. 그 때 많은 사람들이 일본에게 괴롭힘을 당했습니다. 그러나 우리는 일본을 몰아내고 우리를 지키기 위해 노력했습니다. 일제에 저항하고, 독립운동을 하고, 외국에 가서 일제의 만행을 고발하고 도와 달라고 호소했습니다.

　안타깝게도 유대인들은 저항하지 않고 순순히 끌려갔다고 합니다. 우리가 했던 것처럼 서로 힘을 모으고 권리를 지키고 주장을 내세워서 받아들여지게 하는 것이 바로 정치 활동인데, 유대인들은 바로 그러한 정치 활동을 하지 않아서 몇백만 명이 죽는 비극이 발생했다고 합니다.

 70p

　우리 반에도 승진이처럼 이상한 냄새가 나고, 거기다 툭하면 소리를 지르고, 이상한 말을 하는 친구가 있습니다. 다른 아이들과 마찬가지로 저도 그 친구와는 별로 친하게 지내고 싶지 않습니다. 그래서 그 친구와 멀리 떨어져 있으려고 노력합니다. 아이들은 그 친구를 놀이에 끼워 주지 않고, 심지어 어떤 아이들은 때리고 괴롭히기도 합니다. 그런데 이 책을 읽으면서 저와 아이들의 그런 행동이 옳지 않다는 것을 알게 되었습니다. 알고 보니, 승진이에게서 이상한 냄새가 나고, 또 식판을 깨끗이 비운 데는 이유가 있었습니다. 마찬가지로 우리 반의 그 친구도 '나와 다른' 이유가 있을 것이란 생각이 들었습니다. 사실 이 세상의 어느 누구도 나와 똑같을 수는 없습니다. 그런 다름을 당연하다고 여기지 못한 우리들이 어리석었다고 생각합니다.

　호곤이는 승진이의 집에 가 보고 승진이를 이해하게 되었습니다. 우리도 우리와 다른 친구를 싫어하기 전에 그 친구에 대해 알게 된다면 그 친구를 이해할 수 있을 것입니다. 그 친구를 알고 이해해 보려고 노력했는데도 나와 맞지 않아서 친하게 지내기 힘들다는 생각이 들면, 굳이 친해지려고 애쓸 필요는 없다고 생각합니다. 그렇더라도 괴롭히고 왕따시키는 어리석은 짓은 하지 말아야 합니다. 나와 다르고 친해지기 힘들기 때문에 친구를 괴롭히고 왕따시키는 것은, 인간은 모두 다르다는 것을 알지 못하는 어리석은 사람만이 하는 행동입니다.

126p

사실 나와 다른 의견을 주장하는 친구가 있으면, 그 친구를 꼭 이겨서 내 주장을 받아들이도록 해야겠다는 생각이 듭니다. 수학 문제처럼 답이 하나인 경우가 아니라면, 우리는 각자 의견이 다를 수 있는데도 그것을 참지 못하고 나만 옳다고 끝끝내 주장하곤 합니다.

이렇게 다양성을 받아들이지 못하고 한 가지만 주장하다 보면, 전체가 잘못된 방향으로 갈 수 있다는 것을 나치의 잘못된 행동을 통해 알게 되었습니다. 이제는 내 생각과 다른 다양한 의견을 인정하고, 서로 다른 사람들이 함께 살아가는 곳이 사회라는 것을 이해해야 한다고 생각합니다. 그리고 각자의 의견에서 어떤 점이 잘되고 잘못되었는지를 따져서 생각해 볼 수 있어야 합니다.

135p

　전체를 위해서라면 한 사람 정도는 희생할 수 있다고 주장하는 사람들에게, 그렇다면 반대로 전체가 한 사람을 위해서 조금씩 배려할 수 있지 않느냐고 묻고 싶습니다. 전체는 개인이 모여서 이루어지기 때문에, 개인을 무시하는 전체는 정당하지 못합니다. 모두 조금씩 양보하고 배려해서, 한 사람이 치러야 할 희생을 조금씩 나눠서 함께 치른다면, 전체가 행복하고 만족할 수 있다고 생각합니다.

161p

　솔직히 아주 어렸을 때는 모든 사람이 나와 똑같이 생각하는 줄 알았습니다. 그런데 학년이 올라가면서 나와 다른 생각을 하는 사람이 많다는 것을 알게 되었습니다. 처음에는 이해하기 힘들었지만, 쌍둥이조차도 가만히 살펴보면 생김새가 다르고 성격이 다른데, 나와 똑같은 사람이 이 세상에 한 명도 없다는 것이 당연하다는 생각이 듭니다.
　그런데도 나와 지나치게 달라서 튀는 사람을 보면 이상합니다. 지나치게 뚱뚱하거나, 지나치게 마르거나, 지나치게 지저분

하거나, 지나치게 잘난 척하거나 하면 이상하게 보이고, 심지어 잘못되었다는 생각이 들기도 합니다. 그래서 괜히 싫어지고, 피하게 됩니다.

이 책을 읽으면서 다르다는 것은 말 그대로 다른 것이지, 틀리고 잘못된 것이 아니라는 사실을 알게 되었습니다. 나와 다르다고 해서 틀렸다고 지적하고 차별하는 행동이야말로 잘못되고 틀렸습니다. 여러 가지 색깔이 어우러져 조화를 이룰 때 노을이 더 아름다운 것처럼, 서로 다른 사람들이 잘 어우러져서 살아야 세상도 더 아름답습니다.

175p.

❶ 아이히만을 조사한 사람들은 그가 가정적이고, 직장에서는 임무를 잘 수행한 사람이었다고 했습니다. 결국 아이히만은 상부의 명령이 나쁜 것인지 아닌지 생각하지도 않고, 무조건 명령에만 충성했다고 볼 수 있습니다. 생각이 없었기 때문에 악한 일을 저지른 것입니다.

악한 마음을 먹고 악한 일을 저지르는 사람도 있지만, 자기보다 힘센 사람이 시켜서 어쩔 수 없이 악한 일을 저지르는 사람도 있습니다. 또 아이히만처럼 아무 생각 없이 악한 일을 저지르는 사람도 있습니다. 그래서 아렌트가 이렇게 말한 것 같습니다. '대부분의 악행은 선해지거나 악해지기로 결심한 적이 결코 없는 사람들에 의해 저질러진다. 이것은 슬픈 현실이다.'라고 말입니다.

❷ 생각이란 무엇이 옳고 무엇이 그른지 잘 따지고 판단하는 것을 가리킵니다.

나의 생활에서 생각이 가장 필요한 때는, 친구들과 어울려서 놀 때입니다. 우리는 대개 함께 행동하고, 함께 생각하고, 함께 말하려고 합니다. 그러다 보면 나는 하고 싶지 않은데 친구들의 눈치를 봐서 억지로 하게 되는 일도 있고, 아무 생각 없이 따라 하게 되는 일도 있습니다. 만약 불우 이웃을 돕는 것과 같은 좋은 일이라면 친구들을 따라서 덩달아 해도 문제가 되지 않겠지만, 만약 나쁜 일이라면 아무 생각 없이 따라 했다가는 큰일입니다. 그래서 친구들과 어울릴 때 가장 많이 생각을 해야 합니다.

우리 사회에서 생각이 가장 필요한 때는 신문이나 뉴스에서 보도할 때라고 생각합니다. 왜냐하면, 언론 기관에서 제대로 된 사실을 담아 보도하지 않으면, 언론을 통해 나라가 돌아가는 상황을 알게 되는 국민들의 정신이 흐려지기 때문입니다. 그래서 특히 기자는 날카롭게 생각해서 가짜 뉴스가 아니라 진실을 제대로 전해야 한다고 생각합니다.

182p

학급 회의는 당장 시작할 수 있는 정치 활동입니다. 정기적으로 열리는 학급 회의를 이전까지는 형식적으로 했다면, 이제부터는 정말 진정한 정치 활동이라고 생각하고 진지하고 적극적으로 하면 좋겠습니다.

가장 하고 싶은 정치 활동이라면, 학교 주변에서 많이 파는 불량 식품을 없애는 것입니다. 불량 식품을 파는 상인들은 우리가 어리다고 검사도 제대로 거치지 않은 불량 식품을 가져다가 파는데, 그런 식품은 우리에게 무척 해롭습니다. 우리가 나서서 불량 식품을 사 먹지 말자는 운동을 펼친다면, 상인들도 결국은 팔지 못하게 될 것입니다.

209p

왕따로 인한 상처는 굉장히 오래 남는다고 들었습니다. 또 왕따를 당한 아이뿐만 아니라 그 가족도 함께 큰 피해를 본다고 합니다. 한번 왕따를 당하게 되면 성격이 변하고 사람에 대한 믿음이 사라집니다. 그런 친구를 위해서 해 줄 수 있는 일은, 옆에서 끊임없이 "너는 소중한 사람이야."라고 말해 주는 것입니다. 처음부터 친구의 상처가 치유되지는 않겠지만, 계속해서 말과 행동으로 친구를 존중해 주고 소중하게 여겨 주면, 결국 친구도 자신이 소중한 사람이라고 다시 믿게 될 것입니다. 그러면 차츰 마음의 상처가 아물면서 나를 비롯해서 다른 친구들에게도 다시 마음을 열게 될 것입니다.

왕따를 시키는 친구들은 자신들이 얼마나 큰 잘못을 저지르고 있는지 모른 채 그냥 친구들이 하니까 자기도 따라서 하는 경우가 많다고 합니다. 그런 친구들에게는 아무 생각 없이 따라 하는 왕따시키기가 얼마나 나쁜지, 또 어떤 나쁜 결과를 만들어 내는지 말해 주고 싶습니다.

220p

나는 열심히 일하고 열심히 사랑하는 삶이 보람되다고 생각합니다. 사회는 한 사람 한 사람이 모여 이루어지기 때문에, 나의 행동이 어떤 식으로든 다른 사람에게 영향을 미치게 됩니다. 내가 열심히 일하고 열심히 사랑하면, 나뿐만 아니라 주변에도 좋은 영향을 준다고 생각합니다. 사회는 누군가 일하지 않으면 유지될 수 없습니다. 지금은 학생으로서 해야 할 일에, 커서는 직업에 충실한다면 나에게는 물론 사회에도 보탬이 된다고 생각합니다. 그리고 내가 매일 만나고 부딪치는 사람들과 열심히 사랑하면, 그 행복이 나로부터 시작해서 주변으로 퍼져 나간다고 생각합니다.

나는 커서 글을 쓰는 사람이 되고 싶습니다. 아름다운 글을 통해 사람들에게 감동을 주고 삶의 지혜를 깨닫게 하는 작가가 되고 싶습니다. 그러기 위해서는 누구보다도 열심히 일하고 열심히 사랑하는 사람이 되어야 한다고 생각합니다.

한나 아렌트가 들려주는 전체주의 이야기
달라도 괜찮아 우린 함께니까

ⓒ 김선욱, 2006

초 판 1쇄 발행일 2006년 1월 19일
개정판 4쇄 발행일 2025년 2월 26일

지은이 김선욱
그림   박정석
펴낸이 정은영

펴낸곳 (주)자음과모음
출판등록 2001년 11월 28일 제2001-000259호
주소   10881 경기도 파주시 회동길 325-20
전화   편집부 (02)324-2347 경영지원부 (02)325-6047
팩스   편집부 (02)324-2348 경영지원부 (02)2648-1311
e-mail jamoteen@jamobook.com

ISBN 978-89-544-4005-9 (73810)

잘못된 책은 구입처에서 교환해드립니다.
저자와의 협의하에 인지는 붙이지 않습니다.

이 책은 『한나 아렌트가 들려주는 전체주의 이야기』(2006)의 개정증보판입니다.